JOGOS TRANSVERSAIS

E

A COVID-19

DENIS BASTOS

DEDICATÓRIA

Dedico este livro à todas as vítimas da Covid-19.

CONTEÚDO

B327j   Bastos, Denis Mendes

Jogos Transversais e a Covid-19 / Denis Mendes Bastos. Rio de Janeiro: Edição do autor, 2021. 106 p.

ISBN: 9798715541444

1. Educação. 2. Educação Física. 3. Educação Física – Estudo e Ensino. 4. Jogos educativos. 5. Prática de ensino. 6. Temas Transversais.

I. Título. II. Denis Bastos

CDD: 370.71

CDU: 37

AGRADECIMENTOS

A Inteligência Suprema do universo, causa primária de todas as coisas.

A minha família em especial, por me apoiarem sempre.

A meus mestres com muito carinho.

Aos colegas de profissão e alunos que convivo, pois me inspiram a todo o momento.

Aos autores de todas as obras que tive à oportunidade de ler e ouvir.

Aos dedicados colaboradores do caração: Elis Regina da Silva Bastos, Isabel Silva, Noemia Cecilia Santos, Ana Paula Botelho, Cristiane Stancato e Renata Stancato.

1. INTRODUÇÃO

Quando iríamos imaginar passar por essa situação no início do ano de 2020? Ano que ficou marcado por uma pandemia, de uma doença, causada por um vírus, a qual nos faria mudar vários hábitos de vida e repensar muitas outras coisas, como, por exemplo, a nossa atuação profissional, por meio da educação. Na verdade, alguns filmes, baseados em especulações científicas, já haviam mostrado um cenário bem próximo ao que estamos vivendo. Pandemia esta que ainda não terminamos de contabilizar seus efeitos danosos. Podemos dizer que muitos desses danos foram agravados por atitudes de negacionismo científico, por parte de algumas lideranças governamentais mundiais. Consequentemente, acarretando um aumento da tarefa de esclarecimento da população mundial, por parte das autoridades de saúde.

Façamos agora uma reflexão sobre a nossa conduta particular, enquanto integrantes de uma sociedade. Será que nos comportamos bem frente a esse grave problema? Preocupamo-nos com as outras pessoas, principalmente, os idosos? Agimos como as autoridades de saúde recomendaram? Se tivéssemos um equipamento que medisse nossa conduta ética? Ele poderia se chamar "Eticômetro" E se ele registrasse uma nota de 0 a 10? Que nota você tiraria? Esse novo aparelho indicaria o quanto ainda precisamos melhorar como cidadãos. Cidadãos esses que pertencem a um grupo social e que precisam pensar e agir coletivamente, pois nossas ações impactam, diretamente e indiretamente, no equilíbrio geral. Você não acha?

Mas, voltando à educação, é preciso pensar em uma educação do futuro e inovadora, na qual a tecnologia passe a ser nossa aliada embora, muitas vezes, contraditoriamente, seja também a nossa grande dificuldade, tornando-se fundamental para alcançarmos nossos alunos em meio a essa pandemia. Estes últimos foram os mais prejudicados em todo esse processo. Professores desdobraram-se para garantir o desenvolvimento das competências necessárias, fazendo com que esses estudantes continuassem progredindo nos estudos. A tarefa foi e está sendo difícil e complexa, principalmente, quando os recursos para a área educacional minguam cada vez mais. Infelizmente, o cenário não é nada promissor.

Uma crise política que fez o executivo federal ver a educação e seus professores como inimigos, para quem representam e repassam uma ideologia marxista. Diga-se, de passagem, que o discurso de nosso atual presidente sempre foi o de combater o "lixo marxista" disseminado nas instituições educacionais.

Pensamos bem diferente, precisamos aprofundar um pouco mais, pois não é a ideologia A ou B que faz a diferença e, sim, os interesses daqueles que difundem tais ideologias. Esses interesses são motivados pelas fraquezas humanas que fazem com que, nos submetamos a elas e, com isso, acabamos seguindo por caminhos, muitas vezes, sinistros.

Após esse breve desabafo, falaremos agora, mais especificamente, desta proposta que se caracteriza por um trabalho lúdico, voltado para crianças, pois acreditamos proporcionar uma aprendizagem mais significativa. Por isso, apostamos no jogo, como metodologia para desenvolver as competências gerais e específicas de nossos alunos. Esperamos ainda que este trabalho possa contribuir para a promoção da saúde e o bem-estar social, difundindo esclarecimentos sobre esse novo coronavírus e, mais ainda, que possamos refletir sobre nossa conduta ética e, consequentemente, evoluirmos, enquanto grupo social.

Nesse exato momento, a situação da Covid – 19, em nosso país, ainda não se encontra sob controle e, por isso, com essa condição, as aulas presenciais não deveriam ser iniciadas, segundo a recomendação da Organização Mundial de Saúde. Entretanto, o movimento geral, em vários estados e municípios, é de retorno progressivo das aulas presenciais. Que exemplo nosso país está dando, para os seus cidadãos, quando deixa de cumprir com orientações de autoridade competente no assunto, colocando em risco a vida de muitas pessoas?

2. A COVID-19

2.1. Generalidades

De acordo com a Opas (2020), a COVID-19 é a doença infecciosa causada pelo novo coronavírus, identificado pela primeira vez em dezembro de 2019, em Wuhan, na China. Em 31 de dezembro de 2019, a Organização Mundial da Saúde (OMS) foi alertada sobre vários casos de pneumonia na cidade de *Wuhan*, província de *Hubei,* na República Popular da China. Tratava-se de uma nova cepa (tipo) de coronavírus que não havia sido identificada antes em seres humanos. Uma semana depois, em 7 de janeiro de 2020, as autoridades chinesas confirmaram que haviam identificado um novo tipo de coronavírus. Os coronavírus estão por toda parte. Eles são a segunda principal causa de resfriado comum (após rinovírus) e, até as últimas décadas, raramente causavam doenças mais graves em humanos do que o resfriado comum. Ao todo, sete coronavírus humanos (HCoVs) já foram identificados: HCoV-229E, HCoV-OC43, HCoV-NL63, HCoV-HKU1, SARS-COV (que causa síndrome respiratória aguda grave), MERS-COV (que causa síndrome respiratória do Oriente Médio) e o, mais recente, novo coronavírus (que no início foi temporariamente nomeado 2019-nCoV e, em 11 de fevereiro de 2020, recebeu o nome de SARS-CoV-2). Esse novo coronavírus é responsável por causar a doença COVID-19. A OMS tem trabalhado com autoridades chinesas e especialistas globais desde o dia em que foi informada, para aprender mais sobre o vírus, como ele afeta as pessoas que estão doentes, como podem ser tratadas e o que os países podem fazer para responder.

Segundo a Fiocruz (2020 a):

> A primeira pandemia deste século foi decretada para a gripe provocada pelo vírus H1N1 e os temores que ela provocou referiam-se ao fato de ser o mesmo tipo de vírus que havia causado a grande pandemia da "gripe espanhola", em 1918-9 (que não teve início na Espanha). Entretanto, a taxa de mortalidade desta primeira pandemia do século XXI foi baixa, menor inclusive do que a das gripes sazonais, o que provavelmente estimulou a campanha negacionista que hoje se pode observar em muitos países, também entre nós, com relação à COVID-19. (p. 1)

Abaixo destacamos algumas perguntas com suas respectivas respostas sobre o assunto, segundo a Organização Pan - Americana de Saúde / OMS:

1. Quais são os sintomas de alguém infectado com COVID-19?

Os sintomas mais comuns da COVID-19 são: febre, cansaço e tosse seca. Alguns pacientes podem apresentar dores, congestão nasal, dor de cabeça, conjuntivite, dor de garganta, diarreia, perda de paladar ou olfato, erupção cutânea na pele ou descoloração dos dedos das mãos ou dos pés. Esses sintomas geralmente são leves e começam gradualmente. Algumas pessoas são infectadas, mas apresentam apenas sintomas muito leves. A maioria das pessoas (cerca de 80%) se recupera da doença sem precisar de tratamento hospitalar. Uma em cada seis pessoas infectadas por COVID-19 fica gravemente doente e desenvolve dificuldade de respirar. As pessoas idosas e as que têm outras condições de saúde como pressão alta, problemas cardíacos e do pulmão, diabetes ou câncer, têm maior risco de ficarem gravemente doentes. No entanto, qualquer pessoa pode pegar a COVID-19 e ficar gravemente doente. Pessoas de todas as idades que apresentam febre e/ou tosse associada a dificuldade de respirar/falta de ar, dor/pressão no peito ou perda da fala ou movimento devem procurar atendimento médico imediatamente. Se possível, é recomendável ligar primeiro para a(o) médica(o) ou serviço de saúde, para que a(o) paciente possa ser encaminhada(o) para a clínica certa.

2. O que devo fazer se tiver sintomas de COVID-19 e quando devo procurar atendimento médico?

Se você tiver sintomas menores, como tosse leve ou febre leve, geralmente não há necessidade de procurar atendimento médico. Você pode optar por ficar em casa, fazer auto isolamento (conforme as orientações das autoridades nacionais) e monitorar seus sintomas. No entanto, se você mora em uma área com malária ou dengue, é importante não ignorar os sintomas da febre. Procure ajuda médica. Ao comparecer ao serviço de saúde, use uma máscara se possível, mantenha pelo menos 1 metro de distância de outras pessoas e não toque nas superfícies com as mãos. Se for uma criança que estiver doente, ajude-a a seguir esta orientação. Procure atendimento médico imediato se tiver dificuldade de respirar ou dor/pressão no peito. Se possível, ligue para o seu médico com antecedência, para que ele possa direcioná-lo para o centro de saúde certo

3. Como o vírus responsável pela COVID-19 se espalha?

As evidências disponíveis atualmente apontam que o vírus causador da COVID-19 pode se espalhar por meio do contato direto, indireto (através de superfícies ou objetos contaminados) ou próximo (na faixa de um metro) com pessoas infectadas através de secreções como saliva e secreções respiratórias ou de suas gotículas respiratórias, que são expelidas quando uma pessoa tosse, espirra, fala ou canta. As pessoas que estão em contato próximo (a menos de 1 metro) com uma pessoa infectada podem pegar a COVID-19 quando essas gotículas infecciosas entrarem na sua boca, nariz ou olhos. Para evitar o contato com essas gotículas, é importante manter-se a pelo menos 1 metro de distância das outras pessoas, lavar as mãos com frequência e cobrir a boca com um lenço de papel ou cotovelo dobrado ao espirrar ou tossir.

Quando o distanciamento físico (a um metro ou mais de distância) não é possível, o uso de uma máscara de tecido também é uma medida importante para proteger os outros. Alguns procedimentos médicos podem produzir gotículas muito pequenas (aerossóis) que são capazes de permanecer suspensas no ar por longos períodos. Quando tais procedimentos médicos são realizados em pessoas infectadas com COVID-19 em unidades de saúde, esses aerossóis podem conter o vírus causador da COVID-19. Esses aerossóis podem ser inalados por outras pessoas se elas não estiverem usando o equipamento de proteção individual adequado. Visitantes não devem ser permitidos em áreas onde esses procedimentos médicos estão sendo realizados. Houve relatos de surtos de COVID-19 em alguns ambientes fechados, como restaurantes, boates, locais de culto ou ambientes de trabalho onde as pessoas podem estar gritando, conversando ou cantando. Nesses surtos, a transmissão por aerossóis – especialmente em locais fechados, onde há espaços lotados e inadequadamente ventilados, onde as pessoas infectadas passam longos períodos com outras pessoas – não pode ser descartada. No entanto, investigações detalhadas desses clusters sugerem que a transmissão por gotículas e fômites também poderia explicar a transmissão humano a humano dentro desses clusters. Mais estudos são necessários com urgência para investigar esses casos e avaliar seu significado para a transmissão da COVID-19.

4. É possível pegar COVID-19 de uma pessoa que não apresenta sintomas?

A principal maneira pela qual a doença se espalha é através de gotículas respiratórias expelidas por alguém que está tossindo ou tem outros sintomas como febre e cansaço. Muitas pessoas com COVID-19 experimentam apenas sintomas leves, particularmente nos estágios iniciais da doença. É possível pegar COVID-19 de alguém com tosse leve e que não se sente doente. Alguns relatórios indicaram que pessoas sem sintomas podem transmitir o vírus. Ainda não se sabe com que frequência isso acontece.

5. Como podemos proteger aos outros e a nós mesmos se não sabemos quem está infectado?

Praticar a higiene das mãos e respiratória é importante em TODOS os momentos e é a melhor maneira de proteger aos outros e a si mesma(o). Sempre que possível, mantenha uma distância de pelo menos 1 metro entre você e os outros, principalmente se você estiver ao lado de alguém que tosse ou espirra. Como algumas pessoas infectadas podem não estar ainda apresentando sintomas ou os sintomas podem ser leves, manter uma distância física de todos é uma boa ideia se você estiver em uma área onde a COVID-19 está circulando.

6. Como higienizar as mãos com álcool em gel?

Duração do procedimento: 20 a 30 segundos.

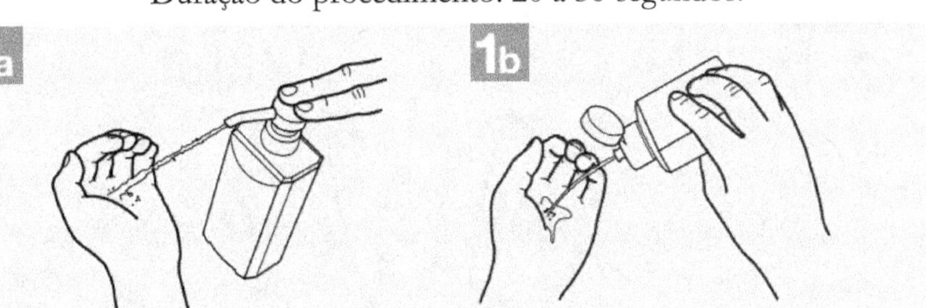

Aplique uma quantidade suficiente de preparação alcoólica em uma mão em forma de concha para cobrir todas as superfícies das mãos.

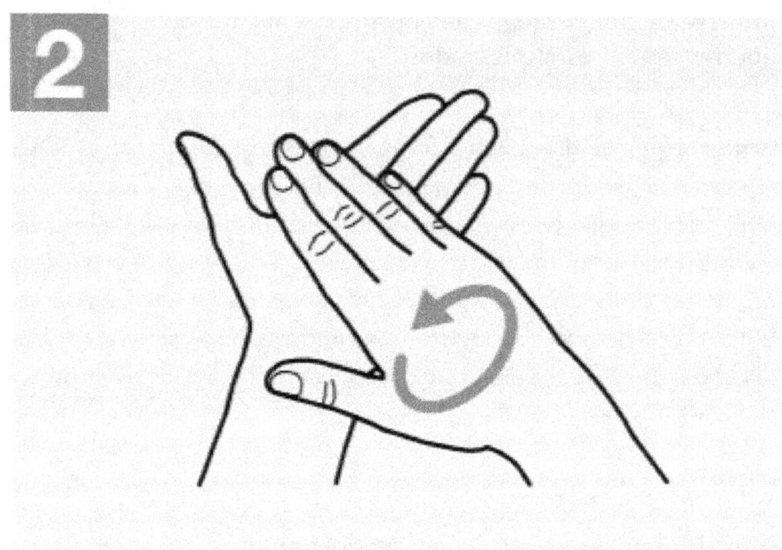

Friccione as palmas das mãos entre si.

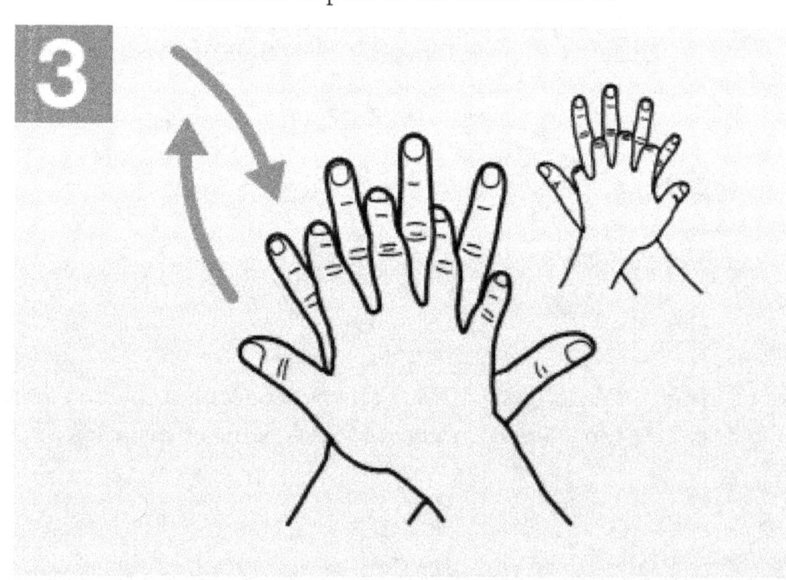

Friccione a palma direita contra o dorso da mão esquerda entrelaçando os dedos e vice-versa.

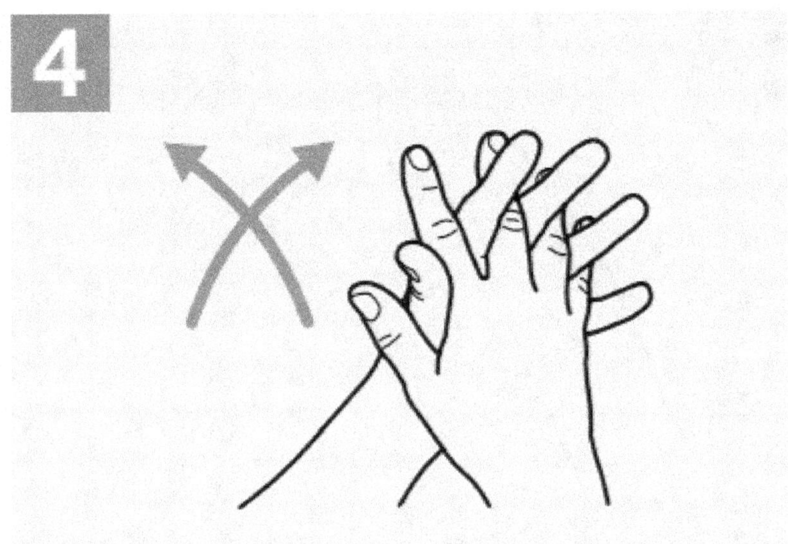

Friccione a palma das mãos entre si com os dedos entrelaçados.

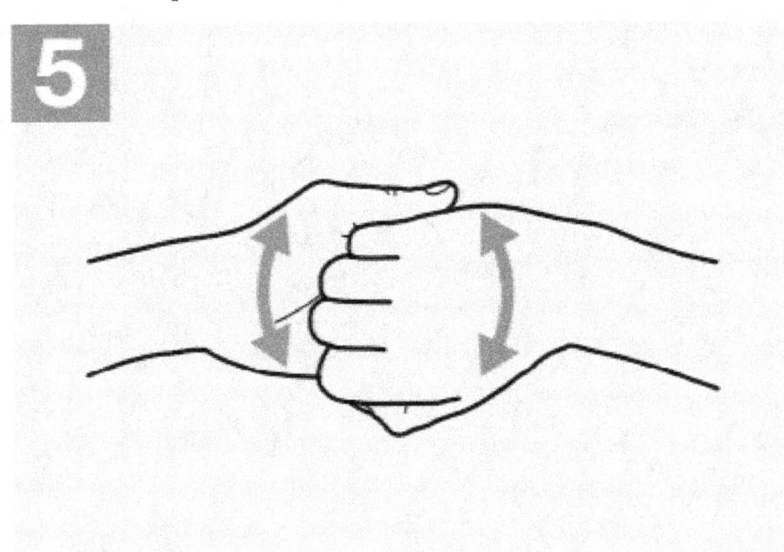

Friccione o dorso dos dedos de uma mão com a palma da mão oposta,
segurando os dedos, com movimento de vai-e-vem e vice-versa.

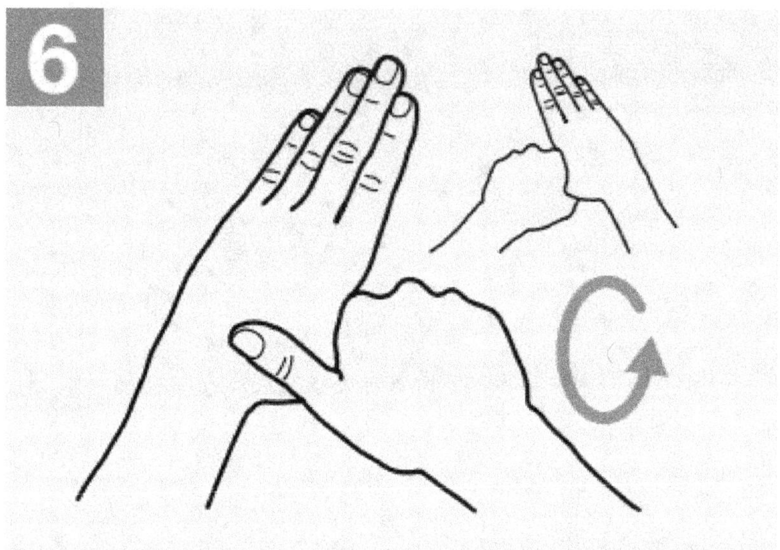

Friccione o polegar esquerdo, com o auxilio da palma da mão direita, utilizando-se de movimento circular e vice-versa.

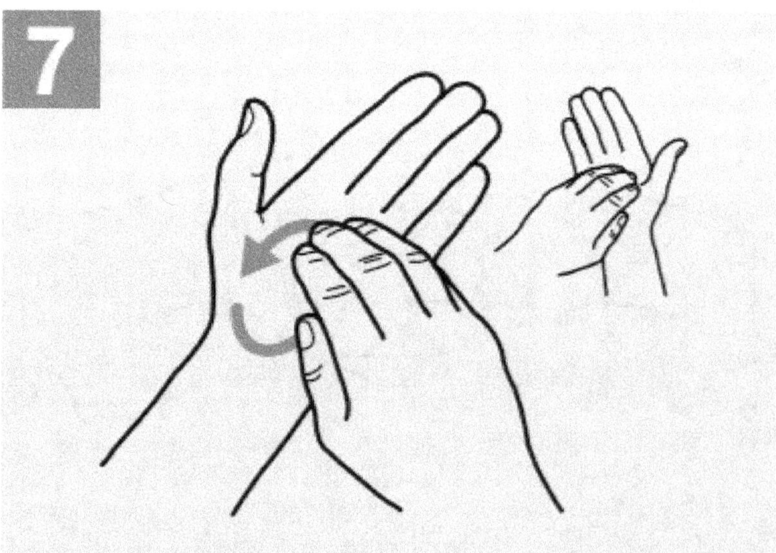

Friccione as polpas digitais e unhas da mão direita contra a palma da mão esquerda, fazendo um movimento circular e vice-versa.

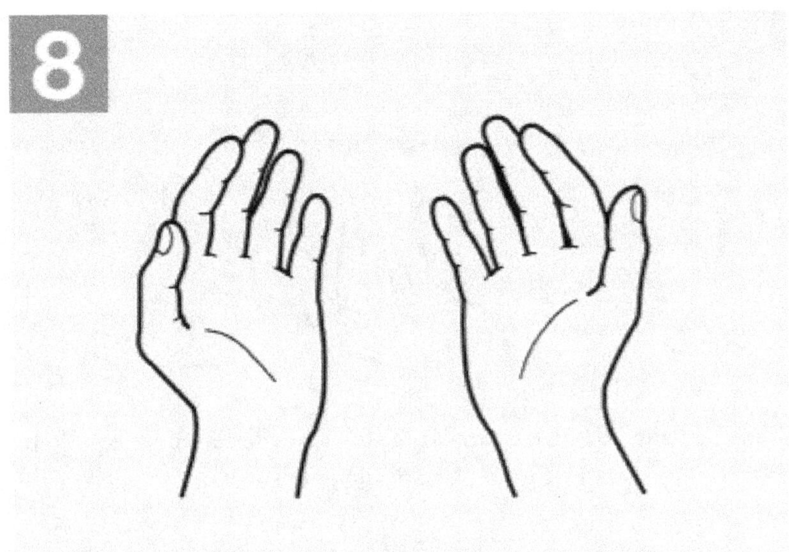

Quando estiverem secas, suas mãos estarão seguras.

Como higienizar as mãos com água e sabonete?

Duração do procedimento: 40 a 60 seg

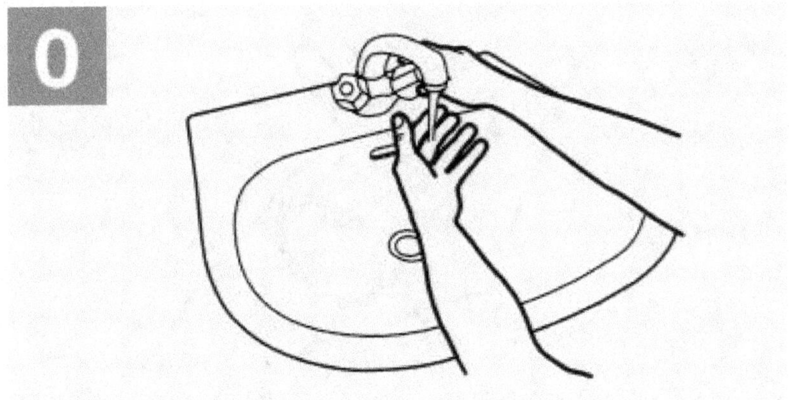

Molhe as mãos com água

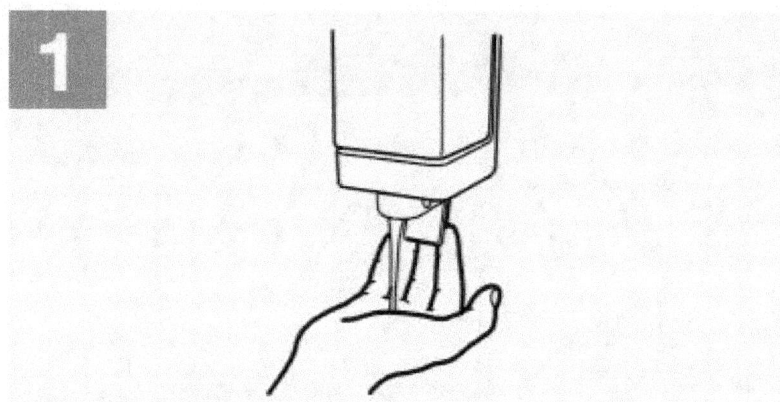

Aplique na palma da mão quantidade suficiente de sabonete líquido para cobrir todas as superfícies das mãos.

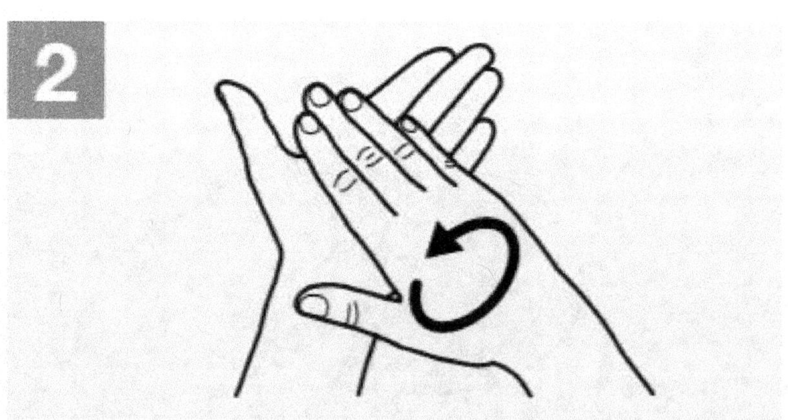

Ensaboe as palmas das mãos friccionando-as entre si.

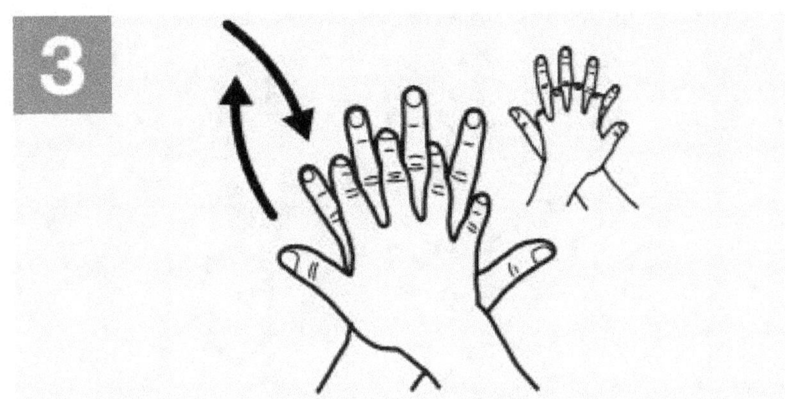

Esfregue a palma da mão direita contra o dorso da mão esquerda entrelaçando os dedos e vice-versa

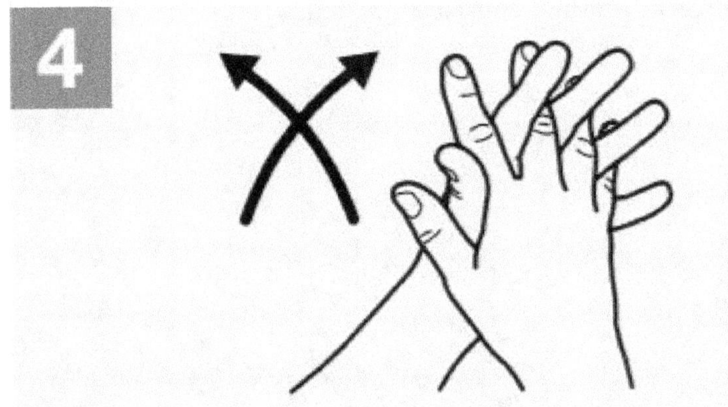

Entrelace os dedos e friccione os espaços interdigitais.

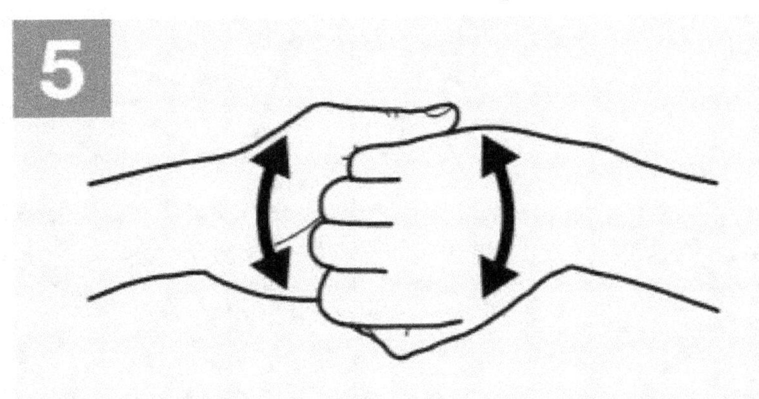

Esfregue o dorso dos dedos de uma mão com a palma da mão oposta, segurando os dedos, com movimento de vai-e-vem e vice-versa

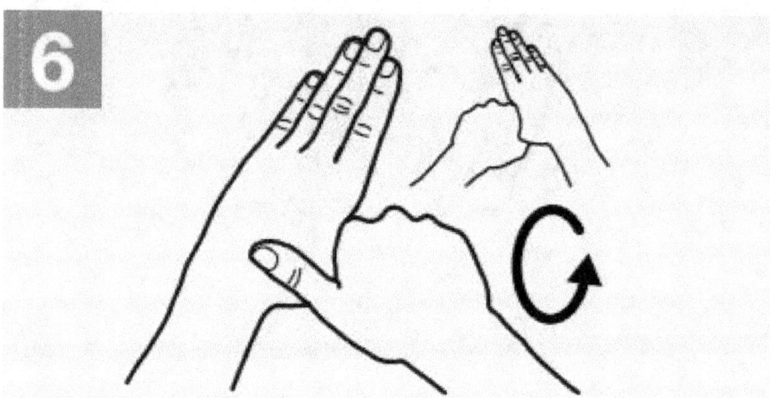

Esfregue o polegar esquerdo, com o auxílio da palma da mão direita, utilizando-se de movimento circular e vice-versa.

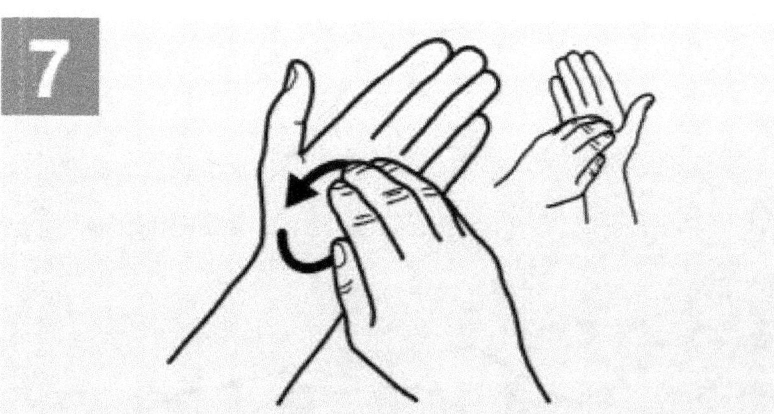

Friccione as polpas digitais e unhas da mão direita contra a palma da mão esquerda, fazendo movimento circular e vice-versa.

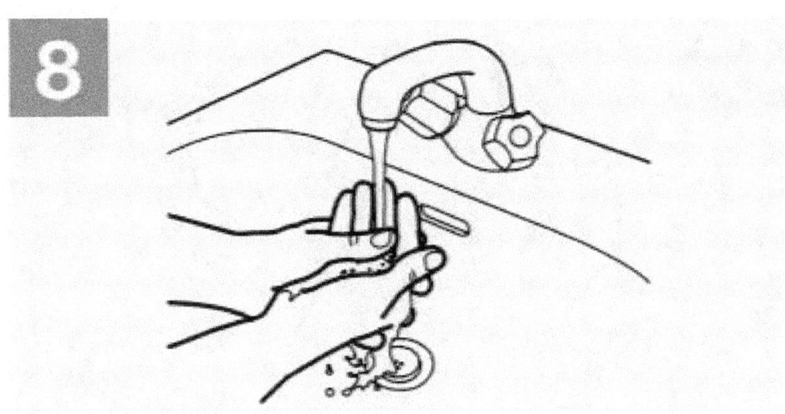

Enxágue bem as mãos com água.

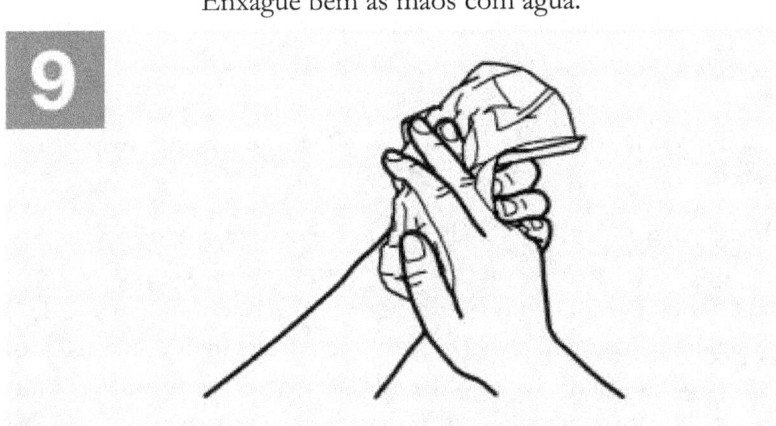

Seque as mãos com papel toalha descartável.

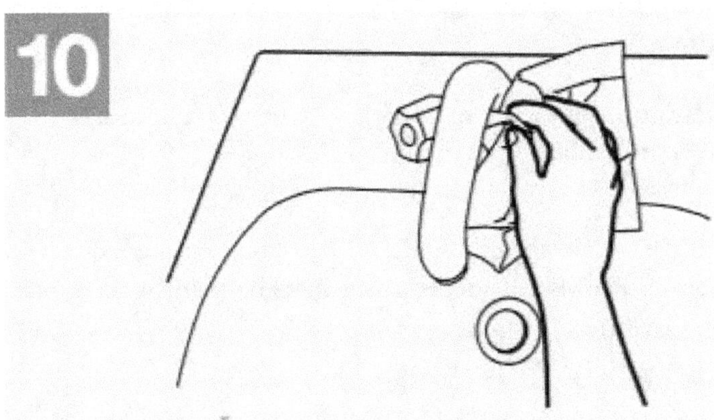

No caso de torneiras com contato manual para fechamento, sempre utilize papel toalha.

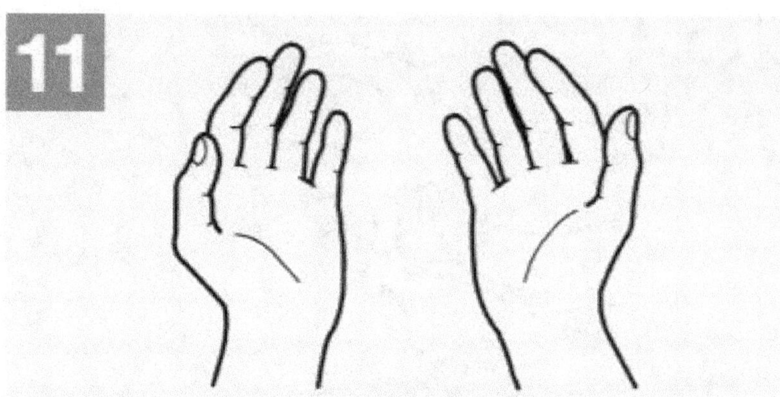

Agora suas mãos estão seguras!

7. Qual é a orientação da OPAS e da OMS no que diz respeito ao uso de máscaras?

As evidências científicas mais recentes mostram que máscaras são uma medida fundamental para suprimir a transmissão da COVID-19 e salvar vidas. Devem ser usadas como parte de uma abordagem abrangente de "Faça tudo", incluindo manter distanciamento físico de um metro ou mais de outras pessoas, evitar locais com aglomeração e contato próximo, garantir boa ventilação, limpar frequentemente as mãos e cobrir o espirro e a tosse com o cotovelo dobrado

8. Quanto tempo leva após a exposição à COVID-19 para desenvolver sintomas?

O tempo entre a exposição à COVID-19 e o momento em que os sintomas começam (período de incubação) é geralmente de cinco a seis dias, mas pode variar de 1 a 14 dias.

9. Quanto tempo o vírus sobrevive nas superfícies?

O mais importante a se saber sobre a presença de coronavírus em superfícies é que elas podem ser facilmente limpas com desinfetantes domésticos comuns, que matam o vírus. Estudos demonstraram que o vírus da COVID-19 pode sobreviver por até 72 horas em plástico e aço inoxidável, menos de 4 horas em cobre e menos de 24 horas em papelão. Como sempre, limpe suas mãos com um higienizador à base de álcool ou lave-as com água e sabão. Evite tocar nos olhos, na boca ou no nariz. Para pessoas com deficiência, é importante se certificar de que os produtos assistivos, se usados, sejam desinfetados com frequência; estes incluem cadeiras de rodas, bengalas, andadores, macas, bengalas brancas ou qualquer outro item que seja manuseado com frequência e usado em espaços públicos.

10. Quem está em risco de desenvolver quadros graves da doença?

Idosos e pessoas com doenças não transmissíveis, como doenças cardiovasculares (por exemplo, hipertensão, doença cardíaca e derrame), doenças respiratórias crônicas, diabetes e câncer têm um risco mais alto de desenvolver quadros graves da COVID-19.

Mais informações no site da OPAS[1]:

- Se tenho **asma**, o que preciso saber sobre a COVID-19?
- Se tenho **câncer**, o que preciso saber sobre a COVID-19?
- Se tenho **diabetes**, o que preciso saber sobre a COVID-19?
- Se tenho uma **doença cardíaca**, o que preciso saber sobre a COVID-19?
- Se tenho **doença renal crônica**, o que preciso saber sobre a COVID-19?
- Se tenho **hipertensão**, o que preciso saber sobre a COVID-19?

11. Qual é a visão da OPAS e OMS em relação ao uso de cloroquina e hidroxicloroquina para tratamento e profilaxia contra COVID-19,

---

[1] https://www.paho.org/pt/brasil

que   estão   em   andamento   em   alguns   países?

Todo país é soberano para decidir sobre seus protocolos clínicos de uso de medicamentos. Embora a hidroxicloroquina e a cloroquina sejam produtos licenciados para o tratamento de outras doenças – respectivamente, doenças autoimunes e malária –, não há evidência científica até o momento de que esses medicamentos sejam eficazes e seguros no tratamento da COVID-19.

12. Qual a posição da OPAS e da OMS sobre uso da ivermectina no tratamento da COVID-19?

A Organização Mundial da Saúde (OMS) e a Organização Pan-Americana da Saúde (OPAS) aconselham fortemente contra o uso de ivermectina para quaisquer outros propósitos diferentes daqueles para os quais seu uso está devidamente autorizado.

13. Pessoas que se recuperaram da COVID-19 podem ficar imunes ou serem infectadas mais de uma vez?

No momento, existem alguns relatos de indivíduos que foram reinfectados com SARS-CoV-2 (o vírus que causa COVID-19). É provável que haja mais exemplos de reinfecção relatados e os cientistas estão trabalhando para entender o papel da resposta imunológica na primeira e na segunda infecção. A OPAS e a OMS estão trabalhando com cientistas para entender cada ocorrência de reinfecção e a resposta de anticorpos durante a primeira infecção e as subsequentes

14. O que é imunidade de rebanho/coletiva?

A imunidade coletiva (ou de rebanho) é a proteção indireta de uma doença infecciosa que ocorre quando uma população é imune por vacinação ou imunidade desenvolvida por infecção anterior. Isso significa que mesmo as pessoas que não foram infectadas ou nas quais uma infecção não desencadeou uma resposta imune, elas estão protegidas porque as pessoas ao seu redor que são imunes podem atuar como amortecedores entre elas e uma pessoa infectada. O limiar para estabelecer imunidade de rebanho para a COVID-19 não está claro no momento.

2.2. O retorno às atividades escolares

Em material produzido pela Fiocruz, em setembro de 2020, intitulado "Contribuições para o retorno às atividades escolares", destacamos abaixo alguns pontos importantes:

- A ONU reafirma a preocupação da OMS externada há meses sobre milhões de crianças fora da escola e o seu sofrimento. Na pandemia, 1 bilhão de crianças vivenciaram as escolas fechadas e muitos terão dificuldade para retornar às atividades. Provavelmente essas crianças entrarão precocemente nos processos produtivos para sobrevivência, dada a crise econômica pós-pandemia nos países, principalmente os periféricos. No entanto, embora tanto ONU quanto a OMS coloquem claramente que a prioridade deva ser as crianças nas escolas, esse 14 retorno deve se dar de forma segura, quando os governos tiverem o controle da pandemia.

- Um dos problemas apontados é a prioridade invertida das autoridades governamentais ao abrirem outras atividades como academias, shoppings e restaurantes, o que pode levar ao aumento do contágio na cidade e atrasar ainda mais a reabertura das escolas de forma segura. A escola deveria ser vista como serviço essencial, para que a sua abertura precedesse a de outros serviços não essenciais e a centralidade fosse na educação e na saúde.

- Países que tiveram melhor controle da pandemia investiram na vigilância ativa, no distanciamento social, no socorro do Estado às atividades econômicas, na garantia de renda de sobrevivência para todos, para primeiro salvar vidas e, consequentemente, salvar a economia.

- Na ausência de uma vacina ou um tratamento específico, a política do distanciamento social, como medida não farmacológica, tem sido a mais amplamente utilizada pelos países no controle da pandemia, associada a medidas de vigilância e ampla testagem com identificação precoce de casos e contatos.

- Após o primeiro caso registrado de Covid-19 no dia 26 de fevereiro, a pandemia migrou rapidamente para a transmissão comunitária em direção às camadas mais pobres da sociedade. Em seguida, o alerta para conter a interiorização com redução dos transportes intra e intermunicipais, com manutenção dos serviços essenciais nas cidades, foi feito de maneira precária.

- A literatura aponta de forma marcante que as crianças raramente experimentam a forma grave dessa doença, diferentemente dos adultos.

- O espectro da apresentação clínica na infância e adolescência é amplo e inclui uma miríade de sinais e sintomas com envolvimento de órgãos e sistemas variados desde a forma assintomática até uma apresentação muito grave como a Síndrome Multissistêmica Inflamatória da Criança (MIS-C) — que requer hospitalização e cuidados intensivos — e raramente o óbito.

2.2.1. Efeitos indiretos da Covid-19 na população pediátrica (FIOCRUZ, 2020 b):

• Prejuízos no ensino, socialização e desenvolvimento.

• O estresse (e sua toxicidade associada) afeta enormemente a saúde mental de crianças e adolescentes, gerando um claro aumento de sintomas de depressão e ansiedade.

• Aumento da violência contra a criança, o adolescente e a mulher e a consequente diminuição da procura pelo atendimento aos serviços de proteção.

• Quedas nas coberturas vacinais em todo o mundo.

• Queda na cobertura de programas de triagens universais, como o Teste do Pezinho.

• Aumento da epidemia de sedentarismo e obesidade.

• Aumento da fome e do risco alimentar em parte pelo fechamento das escolas e das creches, além de perdas nas receitas familiares.

• Exagero no uso de mídias/telas.

• Redução no acesso aos serviços tanto da Atenção Primária quanto da Atenção Especializada, incluindo a diminuição de cirurgias eletivas e até mesmo tratamentos oncológicos e de cuidados de emergências em saúde.

2.2.2. Recomendações quanto a biossegurança, vigilância e monitoramento na comunidade escolar (FIOCRUZ, 2020 b)

• Devem ser garantidos o fornecimento adequado de água e sabão para higiene das mãos, ou álcool em gel à 70% e água sanitária para limpeza de superfícies.

• Garantir o distanciamento mínimo de 1,5 a 2m entre estudantes e estudantes, e entre estudantes e professores, bem como entre os demais funcionários.

• Dar preferência à ventilação natural e atividades ao ar livre.

• Garantir o uso de máscaras por todos os frequentadores das escolas, maiores de 2 anos de idade.

• Orientar quanto à correta confecção das máscaras (tripla camada), o transporte adequado para não haver contaminação da mesma, a forma correta de uso e higiene.

• A higiene das mãos com água e sabão ou álcool em gel 70%.

2.2.3. Recomendações de rastreamento – rastreamento por sintomas (FIOCRUZ, 2020 b)

O rastreamento por sintomas, com indicação de isolamento em pessoas com suspeita de infecção por Covid-19 e contatos próximos de casos suspeitos ou confirmados, é a estratégia que será indicada nesse documento. O uso de triagem rotineira com exames dos alunos, professores e todos os funcionários não é atualmente recomendada nas escolas. Pessoas, alunos e funcionários, com sintomas sugestivos de Covid-19, independentemente da idade, não devem frequentar a escola presencialmente.

2.2.4. Como e quando retornar às atividades escolares (FIOCRUZ, 2020 b)

O desafio para o Ministério da Educação (MEC) é estabelecer as diretrizes com medidas de biossegurança, higienização e monitoramento para retorno das atividades escolares presenciais no país estando a pandemia em diferentes estágios. As decisões devem ser tomadas por estados e municípios considerando a saúde pública, os benefícios e riscos para a comunidade escolar e outros fatores, precisam levar em conta os interesses e manifestações dos estudantes, dos professores e de todos os trabalhadores e profissionais da educação, utilizando as melhores evidências disponíveis. As políticas das escolas devem ser flexíveis, com estratégias que possam ser revisadas e adaptadas com uma estreita comunicação entre as autoridades de saúde pública.

2.2.5. Critérios gerais para reabertura das escolas (FIOCRUZ, 2020 b)

Alguns critérios devem ser reforçados para o retorno das atividades escolares e orientados por especialistas e o setor saúde do estado ou do município, conforme listados abaixo:

1. A transmissão da doença deve estar controlada;

2. Medidas preventivas devem ser adotadas nas escolas - apresentar um plano detalhado de medidas sanitárias, higienização e garantia de distanciamento entre as pessoas, de 1 a 2 metros, no ambiente escolar e salas de aula. Adotar medidas individuais com uso de máscaras para todos os alunos, trabalhadores e profissionais da educação, não sendo indicado para crianças abaixo de 2 anos e observando o aprendizado para o uso nas crianças entre 2 e 10 anos;

3. Controle dos transportes públicos e escolares para garantir o distanciamento social;

4. Controle do risco de importação de doença, vinda de outros lugares;

5. As comunidades escolares devem estar preparadas para se adaptar às novas necessidades e construir novas culturas institucionais de proteção à vida. Os pais, sempre que possível, por meio de suas organizações, trabalhadores da educação e professores devem estar participando no planejamento do retorno;

6. Atenção para estudantes com deficiência ou em condições de risco;

7. Atenção para o bem-estar psicológico e socioemocional para toda a comunidade. As autoridades precisam garantir que os professores e toda a equipe recebam apoio psicossocial contínuo para alcançar seu bem-estar socioemocional. Isso será especialmente crítico para os professores encarregados de fornecer o mesmo apoio aos alunos e famílias;

8. Inclusão de professores e suas organizações representativas nas discussões sobre o retorno à escola. As organizações devem estar envolvidas para identificar os principais objetivos da educação, reorganizar os currículos e alinhar a avaliação com base no calendário escolar revisado. Devem ainda ser consultados sobre questões relacionadas à reorganização da sala de aula;

9. Trabalhadores ou estudantes que tenham condições prévias que favoreçam o desenvolvimento das formas graves da Covid-19, como cardiopatias, doenças pulmonares crônicas, gestantes, portadores de doenças imunossupressora e maiores de 60 anos devem permanecer em isolamento social, não sendo recomendado o retorno presencial;

10. Garantir melhores condições de trabalho para toda a comunidade escolar. O retorno às atividades escolares pode revelar lacunas nos recursos humanos e criar horários e rotinas de trabalho difíceis. Os professores e suas organizações representativas devem ser incluídos no diálogo sobre o desenvolvimento de estratégias de recrutamento rápido, respeitando as qualificações profissionais mínimas e protegendo os direitos e as condições de trabalho dos professores;

11. Ampliar e manter recursos financeiros. Para garantir a continuidade da aprendizagem, as autoridades educacionais precisarão investir em professores e trabalhadores de apoio à educação, não apenas para manter os salários, mas também para fornecer capacitação essencial e apoio psicossocial. É importante que os governos resistam a práticas que possam prejudicar a atividade didática e a qualidade da educação, como aumentar as horas de ensino ou recrutar professores não capacitados.

2.2.6.   Retomada das atividades escolares (FIOCRUZ, 2020 b)

Entende-se que após a compreensão de todos os aspectos anteriormente apresentados os gestores responsáveis poderão, a partir da análise loco regional, tomar a decisão mais segura para a retomada das atividades escolares, observando ainda os pontos que seguem abaixo.

2.2.7. Retorno seguro (FIOCRUZ, 2020 b)

Para que a reabertura ocorra de forma segura é fundamental que essa decisão esteja baseada em critérios epidemiológicos que expressem redução da transmissão da Covid-19 na região, disponibilidade de rede assistencial para possível incremento de casos e capacidade de realizar rastreamento de casos e contatos. Diante desse contexto, a coordenação da atuação dos diferentes entes governamentais, bem como a constituição de políticas intersetoriais, pode contribuir para que o retorno ocorra de forma segura para trabalhadores, estudantes e familiares, e para os territórios por onde circula a comunidade escolar. E, além disso, a articulação intersetorial pode ampliar os efeitos do trabalho das escolas na proteção social e na promoção da saúde. Para tanto, são aspectos imprescindíveis:

• Disponibilização por parte das secretarias estaduais e municipais de Educação as evidências científicas que fundamentam planos de reabertura e monitoramento e vigilância das escolas, tendo em vista que estes devem considerar os momentos, antes de reabrir: monitoramento durante abertura e abertura com possibilidades de retorno ao isolamento ainda que por curtos períodos;

• Diálogo permanente com a comunidade escolar, pela realização de encontros com trabalhadores, estudantes, pais, responsáveis para construção e socialização das orientações sobre a reabertura e o monitoramento sempre com vistas ao planejamento de um cuidado compartilhado em rede, com valorização dos espaços de escutas para qualificar a articulação intersetorial entre os campos da educação, serviço social e saúde;

• Definição orçamentária para melhoria das condições de ambiência das escolas e compra de materiais necessários para o cumprimento de protocolos de biossegurança;

• Realização de pesquisas sobre as condições de acesso à internet e a equipamentos tecnológicos pelos estudantes para planejamento de programas de inclusão digital em contexto de retorno parcial às atividades escolares. Quando se refere a critérios de retorno, podemos afirmar que é quando nos referimos a:

• Situação epidemiológica no território: trata-se da queda da taxa de transmissão, ou seja, diminuição de novos casos, equalização da capacidade hospitalar por meio também da diminuição do número de internações e óbitos no munícipio/ região e estado;

• Proteção coletiva: são as denominadas atitudes e/ou gestos de barreira tais como lavagem de mãos frequente, distanciamento e etiqueta da tosse, assim como a utilização dos equipamentos de proteção individual - EPI);

• Adequação espaço físico e rotinas (para maiores orientações consultar o documento da Escola Politécnica de Saúde Joaquim Venâncio)

• Retomada gradual das atividades escolares com escalonamento de retorno;

• Adoção de horários diferenciados para entrada, saída refeições e atividades;

• Rodízio de grupos, turmas reduzidas. Evitar rodízio de salas;

• Se faz importante que haja um mapeamento prévio de profissionais e alunos de riscos, entendidos como os portadores de comorbidades, em especial, hipertensos, diabéticos, pneumopatas, gestantes, outras comorbidades imunossupressoras e maiores de 60 anos;

• Educação para saúde: providenciar comunicação visual simples e direta nos diversos espaços da escola e/ou creche. Assegurar informações e atualizações sobre o tema de forma clara e baseadas em fontes confiáveis. Contribuir para criação de novos hábitos, fortalecer rotinas, divulgar gestos de barreira (lavagem de mãos, uso de máscara, etiqueta da tosse, cuidados com secreções e eliminações). Informar e acompanhar;

• Máscaras: todos os profissionais da escola, assim como alunos, devem utilizar máscaras caseiras, conforme recomendação do manual da Anvisa, devendo trocá-las ao chegar, a cada 3 horas ou sempre que estiverem úmidas ou sujas. Estas devem ser guardadas, idealmente em sacos de papel, para transporte e posterior higienização com sabão, água e ferro quente. O uso de viseiras (*face shield*) pelos profissionais, associadas a máscara, deve ser avaliado. Como já mencionado anteriormente o uso de máscaras está interditado para menores de 2 anos devido ao risco de asfixia, e as crianças maiores deverão ter seu uso estimulado principalmente em locais internos. É necessário treinamento dos profissionais e supervisão da qualidade das máscaras artesanais utilizadas bem como do seu uso e cuidados;

• Deve-se rever a circulação no ambiente, restringindo-se ao máximo possível a alunos e profissionais da escola, evitando inclusive a entrada e permanência de familiares na porta, a fim de aumentar o monitoramento, assim como a equalização dos espaços coletivos que possam geram aglomeração, tais como pátio do recreio, biblioteca, fila da cantina, refeitório sem *self service* etc. Tanto como ao chegar ou sair da escola, recomenda-se a higienização dos sapatos, a utilização das máscaras, lavar as mãos e aferição da temperatura com o parâmetro limite de maior ou igual a 37,5° C;

• Recomenda-se a interdição de bebedouros de acionamento manual para que não seja realizado contato direto de bocas com bebedouros;

• Deve-se dispor mesas e cadeiras guardando o distanciamento mínimo de 1,5 m a 2 m, assim como zelar este parâmetro entre alunos x alunos, alunos x profissionais e profissionais x profissionais. Também deve-se respeitar essa disposição buscando sempre manter uma ventilação com circulação de ar aberta;

• Reforçar a recomendação do uso de máscaras e álcool em gel 70% em transportes públicos, assim como a atenção a ventilação e número de pessoas no veículo. O retorno à vida escolar deverá ser gradual, para permitir o aprendizado e construção conjunta de práticas de proteção e cuidados. Esse processo coletivo visa ampliar a sensação de segurança necessária para novas formas de viver em grupo. Enquanto a situação epidemiológica exigir, esse retorno escolar pode ser novamente interrompido, de acordo com avaliação e monitoramento diário de casos confirmados ou suspeitos nas escolas ou turmas, mas também prever as condições de reabertura segura, orientada pelos indicadores com monitoramento e vigilância epidemiológica. O uso de medidas de higiene das mãos, distanciamento e uso de máscaras pode ser ainda mais complexo para as crianças pequenas, requer tempo e paciência. Sendo gradual, esse processo visa também um melhor acolhimento de todos: crianças, pais e profissionais, no sentido de se poder falar dos medos e das experiências durante o distanciamento, construindo sentido a tudo o que for vivido. Crianças e jovens geralmente se sentem aliviados se conseguem expressar e comunicar seus sentimentos perturbadores em um ambiente de apoio e segurança. É essencial acolher e conversar sobre a pandemia, sobre sentimentos que persistem, como tristeza e o medo da morte. Em síntese, pode-se afirmar que são condições necessárias para a construção dos planos locais de reabertura com ênfase na biossegurança e na vigilância em saúde: coordenação das autoridades governamentais sobre planos de retorno, boas práticas de biossegurança e vigilância em saúde nas escolas; ampla comunicação com a comunidade escolar sobre os planos de reabertura e divulgação de critérios para suspensão de atividades escolares por ocasião de incremento da transmissão da Covid-19 no ambiente escolar; construção de uma cultura institucional em cada escola com ênfase na proteção à vida e na solidariedade; capacidade de adoção de procedimentos para casos suspeitos e confirmados de Covid-19 no ambiente escolar e planejamento pedagógico compatível com os novos desafios e possíveis fases de alternância entre abertura e suspensão das atividades escolares.

2.2.8. Recomendações de inspeção sanitária para reabertura de escolas (FIOCRUZ, 2020 b)

Recomenda-se que mediante a construção local de planos de reabertura de escolas, com ênfase na biossegurança e vigilância em saúde, as instituições de ensino sejam submetidas a processos de inspeção sanitária, coordenados pelas equipes de vigilância sanitária local. Tais processos de inspeção, que são historicamente exercidos pela vigilância em saúde para estabelecimentos públicos e privados, podem contribuir para avaliação das condições de funcionamento da escola no contexto de convivência com a Covid-19, bem como para a proposição de recomendações adicionais em casos de não alcance ou conformidade com as recomendações mínimas para a reabertura segura de escolas. É importante que o processo de inspeção ocorra periodicamente, seja para a ampliação de exigências em casos de ampliação da transmissão da Covid-19 em determinadas escolas, seja para flexibilização dos protocolos e rotinas mediante redução da transmissibilidade do vírus ou mesmo alcance da imunidade coletiva. São itens importantes para inclusão na inspeção sanitária de avaliação de medidas para redução dos riscos de transmissibilidade da Covid-19 no ambiente escolar:

• Organização de fluxos para entrada e saída da escola;

• Estrutura física e instalações compatíveis com o distanciamento físico recomendado;

• Ventilação adequada e com renovação contínua do fluxo de ar;

• Procedimentos para limpeza e desinfecção;

• Água, produção de alimentos e gestão de resíduos compatíveis com rotinas recomendadas pela Agência Nacional de Vigilância Sanitária;

• Capacidade de inspeção sobre o uso de máscaras adequadas conforme diretrizes do estabelecimento e órgãos governamentais;

• Fluxos claros sobre a atuação mediante casos suspeitos ou confirmados de Covid-19 no ambiente escolar;

• Rotinas de comunicação bem estabelecidas sobre sinais e sintomas da doença e recomendações de isolamento;

• Rotinas de proteção à saúde dos escolares e dos trabalhadores, sobretudo, condutas protetivas à vida de pessoas que possuem condições prévias que podem favorecer o desenvolvimento de formas graves de Covid-19.

2.3. A Covid – 19 e as "Fake News"

O termo *fake news*[2] denomina a produção e propagação massiva de notícias falsas, com objetivo de distorcer fatos intencionalmente, de modo a atrair audiência, enganar, desinformar, induzir a erros, manipular a opinião pública, desprestigiar ou exaltar uma instituição ou uma pessoa, diante de um assunto específico, para obter vantagens econômicas e políticas.

Em pesquisa de Gualhardi et al. (2020), foi apontado que 10,5% das notícias falsas foram publicadas no *Instagram*, 15,8% no *Facebook* e 73,7% circularam via *WhatsApp*. Os resultados também mostram que 26,6% das *fake news* publicadas no *Facebook* atribuem à Fiocruz o papel de orientadora no que diz respeito à proteção contra o novo coronavírus. O estudo ressalta ainda

---

[2] https://dictionary.cambridge.org/pt/dicionario/ingles/fake-news

que 71,4% das mensagens falsas circuladas pelo *WhatsApp* citam a fundação como fonte de textos sobre a Covid-19 e com medidas de proteção e combate à doença. A Organização Mundial da Saúde (OMS) e o Fundo das Nações Unidas para a Infância (Unicef), juntas somam 2% das instituições citadas como fonte de informações sobre cuidados e medidas contra o novo coronavírus em mensagens de *WhatsApp*[3].

Tabela 1. Principais fake news propagadas nas redes sociais: *WhatsApp, Facebook* e *Instagram* (17 de março a 10 de abril de 2020).

Fake News	Total
Métodos caseiros para prevenir o contágio da Covid-19	65%
Métodos caseiros para curar a Covid-19	20%
Golpes bancários	5,7%
Golpes/arrecadações - instituições pesquisa	5%
A Covid-19 é uma estratégia política	4,3%
Total	100%

Fonte: Galhardi e Minayo (2020).

       Destacam-se, a seguir, as 10 principais *fake news* veiculadas sobre o coronavírus, denunciadas por meio do "Eu Fiscalizo", temas que foram comentados pela pneumologista e pesquisadora da ENSP, Margareth Dalcolmo (apud Gualhardi et al, 2020).:

1. Água fervida com alho serve como tratamento para o coronavírus. Segundo Margareth Dalcolmo, até o momento, não existe tratamento cientificamente comprovado com alho para o coronavírus. Estão sendo

---

[3] http://www.ensp.fiocruz. br/portal
ensp/informe/site/materia/detalhe/48662

realizados testes com medicamentos e não com alimentos, mas ainda não há nada na ciência que valide a eficácia de nenhum deles.

2. O coronavírus é maior do que o normal, e, por isso, qualquer máscara impede sua entrada no organismo. O coronavírus não é um vírus maior do que o normal, de acordo com a pesquisadora. A máscara protege, sobretudo, em transportes coletivos, elevadores, entre outros lugares com maior número de pessoas.

3. Quando cai em uma superfície de metal, o vírus permanece vivo por 12 horas e, em tecido, por nove horas. Portanto, lavar a roupa ou colocá-la ao sol por duas horas elimina o vírus. O vírus permanece maior tempo em superfícies de plástico, não de metal. A pesquisadora destaca que a lavagem de roupa, com água e sabão é indicada para a eliminação do contágio. No entanto, a exposição ou não da roupa ao sol não interfere em sua eliminação.

4. O vírus vive na mão por 10 minutos. Não há evidências científicas que comprovem o tempo em que o vírus permanece nas mãos, segundo Margareth. O indicado é fazer a lavagem adequada delas sempre que possível. E com água e sabão.

5. O vírus exposto a uma temperatura superior a 26 graus morre. Diz a pesquisadora, não existe um limite de temperatura à qual o vírus não resista.

6. Como o vírus não resiste à temperatura superior a 26 graus, a água exposta ao sol pode ser consumida sem qualquer perigo. Já que não existe limite de temperatura ao qual o vírus não resiste, não é indicado consumir água exposta ao sol.

7. O vírus se propaga no ar – Sim, mas por meio de gotículas ou em aerossol, provocados pela tosse, inclusive, em procedimentos médicos. Daí a razão de tantos profissionais de saúde terem sido contaminados, segundo ela.

8. Evitar comer gelados ou pratos frios. Pratos frios ou quentes não interferem na resistência do vírus, de acordo com a pesquisadora.

9. Gargarejar com água morna ou salgada evita que o vírus vá para os pulmões. Água morna ou salgada não evita que o vírus atinja os pulmões. Margareth esclarece que o comprometimento dos pulmões vai depender de características fisiológicas do indivíduo infectado.

10. Álcool em gel pode ser feito em casa com apenas dois ingredientes – Não é indicado que se produza álcool em gel em casa. O material de limpeza mais indicado na eliminação do coronavírus, segundo a pesquisadora, é qualquer detergente que se usa para lavar a louça ou água sanitária. Pode ser feito um material de limpeza caseiro, diluindo água sanitária na proporção de 1 litro para 3 litros de água. Isso serve também para limpar superfícies lisas, sobretudo as de plástico, onde o vírus pode permanecer mais tempo. A melhor maneira como padrão ouro de limpeza é ainda água e sabão. O álcool em gel sozinho não pode ser utilizado todo o tempo. As mãos precisam ser realmente lavadas, destaca a pesquisadora

Concluindo, as notícias falsas disseminadas pelas plataformas digitais relacionadas ao SARS-CoV-2 podem influenciar o comportamento da população e colocar em risco a adesão do cidadão aos cuidados cientificamente comprovados. Os números desta investigação comprovam que a disseminação de falsas notícias sobre cura e prevenção, sem nenhum embasamento científico, são produzidas ou por ignorância ou com a intenção de desinformar e induzir o cidadão a cometer erros nas decisões pessoais e cuidados com sua saúde. Num cenário pandêmico, isso é ainda mais perigoso, pois pesquisas mostram que 110 milhões de brasileiros acreditam em notícias falsas sobre a Covid-19[4]. (GALHARDI ET AL.., 2020)

---

[4] https://avaazimages.avaaz.org/brasil_infodemia_ coronavirus.pdf

3. OS JOGOS TRANSVERSAIS NA TEORIA

Os Jogos Transversais[5] são jogos educacionais que buscam valorizar e potencializar a capacidade de questionar, debater e refletir sobre os temas sociais relevantes, ou seja, situações de aprendizagem que buscam garantir aos alunos o desenvolvimento das competências necessárias à construção progressiva de conhecimentos, habilidades e valores, exigências básicas para uma atuação pautada por princípios da ética democrática (BASTOS, 2014).

A partir desse contexto vem a pergunta: *Que princípios são esses referidos acima?* Frente ao questionamento, podemos mencionar que para Brasil (1998), os princípios éticos democráticos estão intrínsecos em nossa constituição e os destacamos a seguir: *dignidade da pessoa humana, igualdade de direitos, participação e corresponsabilidade pela vida social.*

Resumindo de forma simples, podemos dizer que o princípio da dignidade da pessoa humana pode ser traduzido como o **respeito** em que todos nós merecemos ser tratados, independentemente de cor, raça, religião, classe social etc. Já o princípio da igualdade de direitos nos remete ao valor da **justiça,** em que devemos ter o mesmo tratamento perante a lei. O princípio da participação nos dá base para a construção de uma sociedade democrática, na medida em que nos envolvemos nas tomadas de decisões dos rumos do país, pautando essa participação pelo **diálogo,** pois a pluralidade de ideias em uma nação de grande diversidade étnico-cultural precisa de relações respeitosas e consensuais. E por fim, o princípio da corresponsabilidade pela vida social nos inspira a buscarmos relações com base na **solidariedade,** em que podemos dar a mão àquele indivíduo ou

---

[5] www.jogostransversais.com

grupo social que passa por uma dificuldade ou problema pontual.

Com relação ao exposto acima, podemos chegar então ao conjunto central de valores da Ética que segundo Brasil (1998) são: o respeito, a justiça, o diálogo e a solidariedade.

Voltando para o que são os Jogos Transversais, que diretamente vão trabalhar com os princípio e valores referidos acima, poderíamos complementar dizendo que são atividades lúdicas e dinâmicas que abordam as temáticas sociais relevantes como se fossem os eixos principais do currículo. Poderíamos dizer também que são os jogos por um mundo melhor ou um mundo mais feliz, na medida em que se espera ter como resultado a transformação para melhor da nossa realidade social. Com esses esclarecimentos, devemos responder ainda a seguinte questão: *Mas como isso poderá ocorrer?* Acreditamos que fazendo um trabalho que caminhe na direção do que propomos, poderemos alcançar determinado fim, pois acreditamos que se a educação não puder dar conta dessas questões, quem poderá? Sozinho conseguiremos pouco, mas com a ajuda de todos os seguimentos sociais o caminho será mais facilmente percorrido. Para que isso aconteça, precisaremos que todos reconheçam a necessidade de mudanças e que a educação passe a ser tratada como uma questão de prioridade neste país e no mundo.

Concluindo, nós poderíamos dizer que os Jogos Transversais são atividades didático-pedagógicas, lúdicas e dinâmicas, que giram em torno de três eixos básicos: **A construção racional e autônoma de valores ético-morais, o desenvolvimento da consciência crítica e a formação da cidadania.**

Sobre a construção racional e autônoma de valores ético-morais (LEPRE, 2006), podemos mencionar que não se caracteriza como imposição de valores absolutos e nem a partir do relativismo moral, mas através de processos racionais de reflexão e afetividade, visando atingir a autonomia moral descrita por Piaget. O desenvolvimento da consciência crítica se processa na medida em que adotamos uma metodologia dialógica e de reflexão crítica dos graves problemas sociais existentes. Já a formação cidadã decorre da conscientização de que fazemos parte de um grupo social, possuímos direitos e deveres e, muitas vezes, precisaremos sacrificar nossa individualidade em prol de uma coletividade. Formar o cidadão do século XXI é dar configuração a um ser humano com base nos princípios estabelecidos em nossa constituição. Se não estamos satisfeitos com esses princípios, precisamos modificá-los. O cidadão que pretendemos formar é aquele que oferecerá soluções às graves questões que tiram o sono da humanidade e ainda lutará para transformá-las, mas para isso precisará dotar-se de conhecimentos, habilidade, atitudes e valores significativos.

Como destaca Freire (1981, p. 68): *"ninguém educa ninguém, ninguém educa a si mesmo, os homens se educam entre si, mediatizados pelo mundo".* Esse pensamento fere nosso orgulho de professor, pois o professor sempre acreditou que educava e ensinava seus alunos, a chamada "educação bancária". *E agora, não educa mais?* Com isso, somos convidados para uma posição mais humilde, de interdependência, mais saudável para todos os que participam do processo ensino-aprendizagem. Complementamos, ainda pautado em Freire (1981), destacando que sabemos algumas coisas e ignoramos muitas outras. Diante do exposto, buscamos estabelecer uma metodologia *(Fig.1)* que valorize a troca de conhecimento e a sua construção de forma solidária, compartilhada e coletiva.

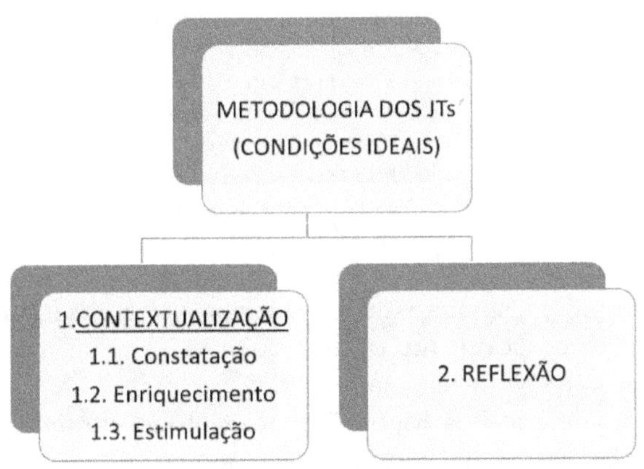

Figura 1- *Organograma de metodologia de abordagem dos Jogos Transversais.*

De acordo com os estudos de Bastos (2014), os Jogos Transversais podem ser divididos em etapas e isso proporciona o sucesso, favorece o bom desenvolvimento da aula e obviamente dos jogos. Como primeira etapa, o autor denomina a "contextualização" do tema transversal abordado, ou seja, é importante criar um ambiente propício para o seu desenvolvimento.

Sobre a contextualização, Bastos (2014, p.33) destaca que é importante:

> Dividimo-la em três partes: a constatação, o enriquecimento e a estimulação. A constatação é a etapa que visa a detectar que grau de conhecimento os alunos possuem sobre o tema a ser abordado. Ela se dá por meio de perguntas básicas relacionados ao tema (por exemplo: Tema: ética; perguntas: Quem sabe dizer o que é ética? Alguém poderia dar um exemplo?). A segunda parte é o enriquecimento mediante a utilização de um material de apoio. Essa parte pode se dar de diversas formas, ou seja, através da leitura de um pequeno texto, de uma reportagem, uma música, uma fábula, um caso, um velho ditado, um poema, um provérbio, ou até mesmo uma

> pequena frase que esteja relacionada ao tema ou à reflexão proposta pelo jogo. Pode se dar também com a exibição de uma imagem, uma foto ou um simples desenho. A terceira parte, a estimulação, ocorre exclusivamente pela prática dos Jogos Transversais, visando sempre à segurança e possibilitando a inclusão de todos. (...)Todos os jogos podem e devem ser adequados às condições sociocognitivas dos alunos. Variações poderão surgir. Esperamos também que, principalmente, possam servir de inspiração para que novos jogos sejam criados por qualquer aluno, profissional ou pessoa que com eles simpatize e os adote. A segunda e última etapa é a reflexão, que acontecerá após cada jogo e/ou ao final da aula, preferencialmente nos momentos de recuperação e descanso, buscando fazer uma ligação do tema do jogo com a realidade individual e social, ou seja, com a vida de seus praticantes, buscando sempre que possível propor mudanças para melhorar as condições existentes, tanto endógenas quanto exógenas. Neste momento serão confrontados os valores definidos no texto constitucional e os valores que cada aluno traz consigo, para que a partir desse confronto possam eleger seus próprios valores. (p. 33).

Destacamos, agora, alguns aspectos que consideramos importantes sobre os Jogos Transversais, conforme Bastos (2014):

- Inicialmente, criamos os Jogos Transversais no contexto da Educação Física Escolar, mas, hoje, vemos o seu potencial de desenvolvimento em toda área educacional, ou seja, podendo ser adotados por qualquer componente curricular;

- Partem do princípio de que o importante é provocar situações que favoreçam o interesse e a aprendizagem através dos jogos e que levem a estimular o debate e a reflexão sobre temas sociais relevantes;

- Podem vir a preencher o questionamento de Darido e Rangel (2005) sobre quais conteúdos os alunos deverão adquirir com os jogos a fim de se tornarem preparados para enfrentar os problemas da vida social e a modificarem para melhor, ou seja, para estarem aptos ao pleno exercício da cidadania, pois esse é também um dos principais objetivos dos Jogos Transversais;

- Podem atender às condições do método ativo definido por Piaget (1930, in MACEDO, 1996) quando servem de instrumento didático-pedagógico para levar os alunos à reflexão e à eleição de valores, de modo que possam atuar de forma ativa na transformação da sua realidade social;

- Ao combinar transversalidade e jogo, proporcionam uma união altamente promissora, em virtude de serem elementos educativos que podem ser utilizados principalmente com o objetivo de resgatar o interesse do aluno pela aprendizagem;

- Surgem em decorrência de uma preocupação e um inconformismo legítimos com a situação atual da realidade social vigente no país e no mundo. Motivados também pelas condições alarmantes de trabalho nas escolas públicas, que se encontram cada vez mais agravadas por causa dos problemas de relacionamento entre professores, responsáveis e alunos, envolvendo um dos nossos principais temas que é o do respeito;

- Podem contribuir para a libertação, por parte dos alunos, segundo Kunz (1994), de falsas ilusões, interesses e desejos criados e construídos neles pela visão de mundo que lhes é apresentada a partir de "conhecimentos" colocados à sua disposição pelo contexto sociocultural local, contexto geralmente impregnado por uma visão de mundo regida pelo consumo, pelo modelo, pelo melhor, mais bonito e mais correto. Mas para que isso aconteça é determinante que o educador seja um indivíduo já emancipado ou em vias de emancipação de tais ilusões e, acima de tudo, consciente da importância do seu papel profissional como educador;

- Podem preencher a lacuna destacada por Le Boulch (1986) em favorecer o desenvolvimento de um homem capaz de atuar num mundo em constante transformação por meio de um melhor conhecimento e da aceitação de si mesmo, de um melhor ajuste de sua conduta, de uma verdadeira autonomia e de assunção de suas responsabilidades no marco social;

- Podem atender a uma demanda de trabalho teórico-prático inserido numa perspectiva pedagógica crítico-social;

- Podem contribuir para o trabalho docente, segundo expõe Libâneo (1988) quando ressalta que devemos buscar, por meio desse trabalho: em vez de condicionamento à ordem social, formar um aluno crítico e participativo; em vez de adestramento físico, a compreensão e o uso sadio do corpo; em vez de esporte-espetáculo e ufanista, o esporte educativo; em vez de disciplina imposta e da repetição mecânica de ordens do professor, o autodomínio, a formação do caráter, a autovalorização da atividade física; em vez do corpo-instrumento, o corpo como ser social.

É importante salientarmos que nossa abordagem se distingue da abordagem dos PCN, pois esses têm como eixos curriculares principais os componentes curriculares. Em nosso caso específico, temos como eixos curriculares principais os temas sociais relevantes. Essa abordagem é a desenvolvida pela Espanha, país que mais tem aprofundado os Temas Transversais nos últimos tempos. A obra que mais destaca a abordagem espanhola é "Temas transversais em educação: bases para uma formação integral", por Maria Dolors Busquets et al.. Outro professor que se destaca nesse mesmo país é Josep Maria Puig, com a intitulada obra "A construção da personalidade moral". Pesquisador do GREM (Grupo de Estudos em Educação Moral), o referido professor tem dedicado sua vida a educação em valores ético-morais.

Levando em consideração que os temas são os grandes eixos da transversalidade, apontamos os principais temas abordados nos Jogos Transversais:

- Ética (respeito mútuo, justiça, solidariedade e diálogo);
- Saúde (higiene pessoal, exercícios, nutrição, drogas, saúde mental, estética, higiene bucal, dengue, tabagismo, gripe suína);
- Pluralidade cultural (multiculturalismo, etnias, diversidade, etc.);
- Trabalho e consumo (consumismo, trabalho escravo, capitalismo, publicidade, mídia, classes sociais, robótica, etc.);
- Orientação sexual (gênero, DST/AIDS, gravidez, prostituição, homossexualidade, etc.);
- Meio ambiente (aquecimento global, queimadas, enchentes, poluição, extinção de animais, desmatamento, lixo, reciclagem, sustentabilidade, etc.);
- Educação no trânsito (leis de trânsito, sinalização, etc.);
- Competências Socioemocionais (Empatia, responsabilidade, autoestima, felicidade, cooperação, paciência, autonomia, autoconhecimento, criatividade e autoconfiança).

Inicialmente, os Jogos Transversais foram criados para desenvolver ações com alunos do 1º ao 5º ano do Ensino Fundamental, entretanto, já foram utilizados em todos os níveis de ensino e, inclusive, na Educação Especial.
Destacamos também o marco legal aqui do Brasil que foi a publicação dos Temas Contemporâneos Transversais, publicados no fim de 2019, fazendo parte da BNCC de 2017. A partir dessa publicação, assim como a BNCC, os referidos temas se tornaram obrigatórios na composição dos currículos de estados, territórios e municípios de nosso país. Houve uma modificação organizacional nessa nova versão, pois os Temas Transversais, dos PCN de

1997, eram organizados em seis temas (Ética, Meio Ambiente, Pluralidade Cultural, Saúde, Trabalho e Consumo e Orientação Sexual). Já os Temas Contemporâneos Transversais estão organizados em seis áreas e cada uma com seus respectivos temas (Saúde – Saúde e Educação Alimentar e Nutricional; Meio Ambiente – Educação Ambiental e Educação para o Consumo; Ciência e Tecnologia – Ciência e Tecnologia; Economia – Trabalho, Educação Financeira e Educação Fiscal; Multiculturalismo – Diversidade Cultural, Educação para a valorização do multiculturalismo nas matrizes históricas e culturais brasileiras; Cidadania e Civismo – Vida familiar e social, Educação para o Trânsito, Educação para o Trânsito, Educação em Direitos Humanos, Direitos da Criança e do adolescente e Processo de envelhecimento , respeito e valorização do idoso.) Críticas à parte, em outro momento faremos esse aprofundamento.

4. OS JOGOS TRANSVERSAIS NA PRÁTICA

Veremos, agora, como propomos os Jogos Transversais na sua prática, mas antes algumas recomendações:

- Que estes jogos possam ser desenvolvidos nas escolas quando a situação da pandemia, em geral, já estiver sob controle. E desenvolvidos pelas famílias quando não houver nenhum integrante com suspeita ou com a Covid – 19.
- Adaptar os jogos ao desenvolvimento sociocognitivo de cada faixa etária ou ao nível de ensino.
- Primar sempre pela segurança dos participantes.

4.1. Jogos Transversais pré - pandemia

Estes primeiros Jogos Transversais foram criados, recriados e postos em prática em uma sexta-feira, no CIEP Major Manoel Gomes Archer, dias antes do *lockdow*. Na verdade, foi o último dia de aula antes do isolamento. Também, não tínhamos a noção da grave situação que íamos mergulhar. Só para contextualizar, ainda não tínhamos as recomendações de isolamento ou distanciamento social como forma de prevenção.

1. **LAVANDO AS MÃOS**
   - MATERIAL: Nenhum.
   - ESPAÇO: Área ampla.
   - DISPOSIÇÃO INICIAL: Alinhados, lado a lado. Desenhar uma linha a frente da turma.
   - DESENVOLVIMENTO: Inicialmente o professor deverá ensinar como se deve lavar as mãos para em seguida pedir aos

alunos que façam de conta que estão lavando suas mãos. A última etapa será a largada para pegar a toalha fictícia na linha e retornar ao seu lugar.

- REFLEXÃO: Por que a higiene das mãos é tão importante?

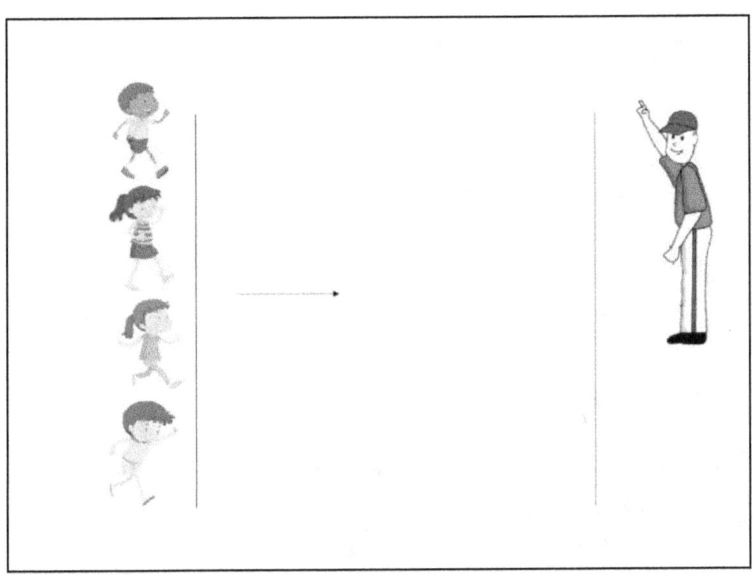

2. PIQUE CORONAVÍRUS 1

- MATERIAL: Cinco cones e um ou dois coletes com o desenho do coronavírus.
- ESPAÇO: Área ampla.
- DISPOSIÇÃO INICIAL: Colocar os cones em vários lugares do espaço para fazer de conta que são bicas de água. Escolher um aluno para ser o coronavírus. Os demais da turma deverão ficar espalhados no espaço.
- DESENVOLVIMENTO: Ao sinal de início, todos deverão fugir do coronavírus e quem for tocado por ele deverá ficar lavando as mãos durante 20 segundos na bica.
- REFLEXÃO: Por que temos tantas doenças em nosso planeta?

3. PIQUE CORONAVÍRUS 2

- MATERIAL: Coletes com o desenho do coronavírus e cones.
- ESPAÇO: Área ampla.
- DISPOSIÇÃO INICIAL: Escolher um aluno para colocar o colete e a máscara e os demais alunos ficarão livremente no espaço. Delimitar com os cones um espaço para que represente o hospital.
- DESENVOLVIMENTO: Ao sinal de início, o coronavírus deverá pegar os demais alunos. Quem for tocado deverá ir para o hospital e ficar de quarentena, ou seja, contar de 1 a 40 e depois mostrar para o professor como se deve lavar as mãos. Em seguida poderá retornar ao jogo.
- REFLEXÃO: Como podemos evitar a transmissão do coronavírus?

4. CUMPRIMENTO SEM CORONA
- MATERIAL: Nenhum.
- ESPAÇO: Pequena área.
- DISPOSIÇÃO INICIAL: Turma disposta em pé e em círculo. Escolher um aluno para iniciar o desafio.
- DESENVOLVIMENTO: O professor deverá estabelecer um tempo para que, no sentido horário ou anti-horário, o aluno escolhido cumprimente o colega ao lado com um dos pés e assim sucessivamente. O cumprimento poderá variar, mas

nunca com as mãos.

- REFLEXÃO: Por que devemos evitar o contato com as mãos?

5. PANDEMIA

- MATERIAL: Fitas coloridas de TNT (uma para cada aluno) e um colete do Corona.
- ESPAÇO: Área ampla.
- DISPOSIÇÃO INICIAL: Escolher um aluno para ser o vírus. Alunos espalhados no espaço. Professor com as fitas na mão.
- DESENVOLVIMENTO: Cada aluno que for tocado pelo Corona deverá pegar uma fita com o professor e ajudar o corona a pegar os demais colegas.
- REFLEXÃO: Por que a transmissão do vírus é tão rápida?

6. QUEIMANDO O CORONAVÍRUS

- MATERIAL: Dois coletes do corona, bola para queimada e cones.
- ESPAÇO: Área ampla.
- DISPOSIÇÃO INICIAL: Dividir a turma em equipes e escolher um aluno de cada equipe para vestir a roupa do vírus.
- DESENVOLVIMENTO: Como em um jogo de queimada tradicional, porém quem for queimado deverá mostrar ao professor como se deve lavar as mãos, antes de ir para o hospital

(cemitério). Quem for queimado pelo corona deverá ir direto para o hospital. Se o corona for queimado o time perde a partida.

- REFLEXÃO: Quais são os cuidados necessários para não se pegar o coronavírus?

7. FUTCORONA 1

- MATERIAL: Dois coletes de coronavírus e uma bola de futebol.
- ESPAÇO: Quadra ou área ampla.
- DISPOSIÇÃO INICIAL: Turma dividida em times onde cada um deverá ter um coronavírus.
- DESENVOLVIMENTO: Um jogo de futsal tradicional, porém quando um time levar um gol deverá lavar as mãos corretamente. Quando o coronavírus fizer um gol, o time que levou é eliminado.
- REFLEXÃO: O que é o coronavírus?

8. FUTCORONA 2

- MATERIAL: Um colete de corona e uma bola de futebol.
- ESPAÇO: Área com um gol.
- DISPOSIÇÃO INICIAL: Dividir a turma em equipes e colocar o corona de goleiro. Colocar a bola na marca do pênalti.
- DESENVOLVIMENTO: Cada aluno, de cada equipe, terá a

oportunidade de finalizar contra o gol do coronavírus. Não fez o gol, deverá demonstrar para o professor como se deve lavar as mãos. Caso converta o gol, o corona deverá ser trocado.

- REFLEXÃO: Quem pode se infectar com o coronavírus?

9. VAI E VEM DO CORONA

- MATERIAL: Dois cones por equipe.
- ESPAÇO: Área equivalente a meia quadra.
- DISPOSIÇÃO INICIAL: Dividir a turma em equipes, colocá-las lado a lado e em colunas. Colocar um cone a frente de cada equipe e colocar mais um à frente a uma distância de 15 metros.
- DESENVOLVIMENTO: Ao sinal de início, cada aluno que está à frente de cada equipe deverá se deslocar até o cone e demonstrar como se deve lavar as mãos, contando em voz alta de 1 até 20. Em seguida, retorna para o final da fila de sua equipe. Quando o aluno que foi à frente cruzar pelo próximo da sua equipe, este deverá se deslocar a frente e fazer o mesmo procedimento do anterior. Assim sucessivamente até que todos tenham participado.
- REFLEXÃO: Qual o tratamento para infecções por coronavírus?

10. VOLEICORONA

- MATERIAL: Um ou mais coletes do coronavírus e uma ou mais bolas leves para voleibol.
- ESPAÇO: Área equivalente a meia quadra.

DISPOSIÇÃO INICIAL: Dividir a turma em grupos. Cada grupo deverá ter um corona. Organizar os grupos em círculo e com o corona ao centro.

- DESENVOLVIMENTO: Ao sinal de início, os grupos terão como objetivo trocar cinco passes, sendo que no quarto passe a bola seja levantada e no quinto toque um dos alunos possa cortar a bola visando acertar o vírus. Caso acerte, dever-se-á trocar o corona por outro aluno. Caso erre, dever-se-á demonstrar ao professor como se deve lavar as mãos.
- REFLEXÃO: Como a higiene pessoal pode salvar nossas vidas?

11. GRUPO DE RISCO

- MATERIAL: Uma fantasia de coronavírus e cones para demarcar o local do hospital.
- ESPAÇO: Área ampla.
- DISPOSIÇÃO INICIAL: Escolher um aluno para representar o corona e os demais alunos da turma deverão formar grupos de 2, 3 ou 4 alunos de mãos dadas.
- DESENVOLVIMENTO: Ao sinal de início, o vírus deverá perseguir os grupos de risco pulando com uma perna só. Quando um grupo for pego, deverá ir para o hospital e ficar de quarentena (contar de 1 a 40). Depois retorna ao jogo.
- REFLEXÃO: Por que o vírus recebeu o nome de coronavírus?

12. FUGINDO DO CORONA

- MATERIAL: Uma fantasia do vírus, cones para delimitar o percurso e o hospital.
- ESPAÇO: Área ampla.
- DISPOSIÇÃO INICIAL: Delimitar uma área elíptica com os cones para ser percorrida correndo. Escolher um aluno para ser o corona e posicioná-lo na largada. Escolher mais três alunos para ficarem 5 metros à frente do corona.
- DESENVOLVIMENTO: Ao sinal de largada, os alunos deverão percorrer a distância sem deixar o corona alcançá-los. Caso isso aconteça, o aluno deverá ir para o hospital e ficar de quarentena.
- REFLEXÃO: Quem pode se infectar com o coronavírus?

13. TRANSMISSÃO

- MATERIAL: Uma fantasia de Coronavírus e um pedaço pequeno de papelão com o desenho do vírus.
- ESPAÇO: Sala de aula ou pequena área.
- DISPOSIÇÃO INICIAL: Escolher um aluno para ficar com a fantasia e com o vírus de papelão na mão. Escolher outro aluno como observador.
- DESENVOLVIMENTO: Como na brincadeira de "Passar o Anel", o corona irá passar o vírus para algum colega da turma e o observador terá três chances para adivinhar com quem está o vírus.
- REFLEXÃO: Como o coronavírus são transmitidos?

14. CUIDADO COM O CORONA

- MATERIAL: Uma fantasia de coronavírus e cones para representar o hospital.
- ESPAÇO: Área ampla.
- DISPOSIÇÃO INICIAL: Representar uma rua no espaço. Escolher um aluno para representar o coronavírus e colocá-lo no meio da rua. Os demais alunos ficarão na calçada da rua.
- DESENVOLVIMENTO: Como no jogo de "Mãe da Rua", ao sinal de início, os alunos deverão atravessar a rua com uma perna só. Quem for pego pelo corona deverá ficar de quarentena no

hospital.

- REFLEXÃO: O que é o novo coronavírus?

15. DERRUBANDO O CORONA

- MATERIAL: Fantasias do coronavírus e colchões ou colchonetes.
- ESPAÇO: Área com tatame para lutas.
- DISPOSIÇÃO INICIAL: Escolher um ou mais alunos para representarem o corona. Dividir a turma em grupos onde cada grupo deverá ter um vírus.
- DESENVOLVIMENTO: O professor deverá pedir para que cada grupo realize golpes de judô ou de outra luta no vírus. Um aluno por vez.
- REFLEXÃO: Existe tratamento para o novo coronavírus?

16. ÁLCOOL 70%

- MATERIAL: Duas garrafas pet de 2 litros com um pouco d'água e duas fantasias do corona.
- ESPAÇO: Quadra ou área equivalente.
- DISPOSIÇÃO INICIAL: Dividir a turma em quatro equipes onde cada uma deverá ter um coronavírus.

- DESENVOLVIMENTO: Como em um "jogo de bandeirinhas", onde a bandeirinha deverá ser a garrafa de Álcool 70%, representada pela garrafa pet. Quem for tocado pelo vírus deverá ir para o hospital e ficar de quarentena para depois retornar à brincadeira.
- REFLEXÃO: Por que o álcool 70% é o melhor para higienizar as mãos?

17. ACERTE O CORONA

- MATERIAL: Uma fantasia de corona e uma bola.
- ESPAÇO: Área ampla.
- DISPOSIÇÃO INICIAL: Desenhar três linhas paralelas no chão com 10 a 12 passos de distância entre elas. Colocar o corona próximo à linha central e colocar um grupo próximo a cada linha oposta à central. A bola iniciará com um dos grupos.
- DESENVOLVIMENTO: Ao sinal de início, quem estiver com a bola deverá tentar acertar o corona que poderá se deslocar lateralmente próximo a sua linha. A equipe oposta terá com isso a chance de tentar acertar o corona também, pois a bola sempre estará se deslocando de um lado para o outro. Quem acertar poderá ficar no lugar do vírus.
- REFLEXÃO: Que produtos de limpeza matam o coronavírus?

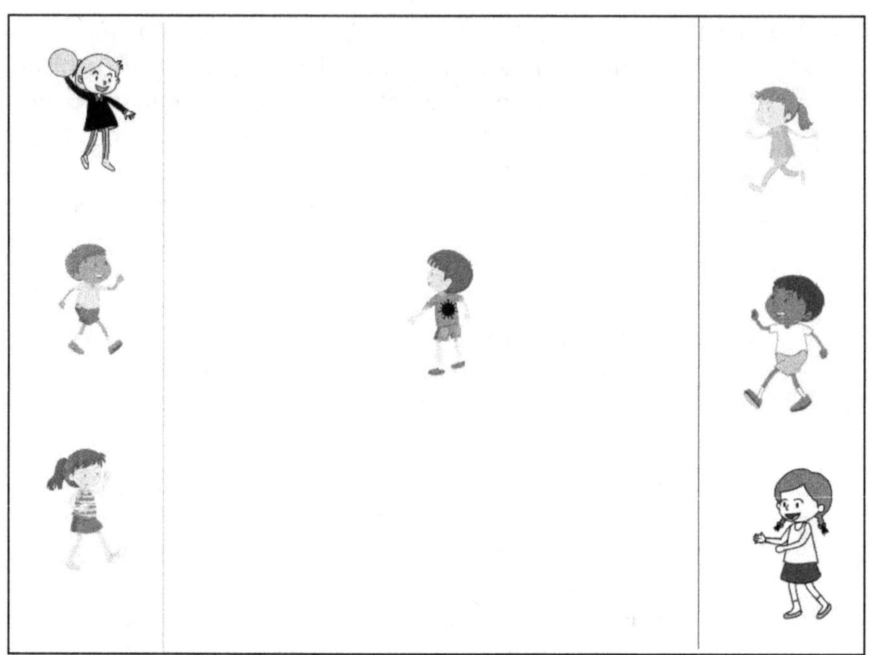

18. BASQUETE COM O CORONA

- MATERIAL: Uma fantasia do coronavírus e uma bola de basquete para cada grupo.
- ESPAÇO: Quadra ou área adaptada.
- DISPOSIÇÃO INICIAL: Dividir a turma em grupos e escolher um corona para cada equipe. Dispor os grupos em coluna, lado a lado, na linha central da quadra. Posicionar os vírus entre a cesta e cada grupo. Distribuir a bola para cada primeiro aluno dos grupos.
- DESENVOLVIMENTO: Ao sinal de início, cada aluno conduzirá a bola driblando, procurando passar pelo corona para acertar a cesta.
- REFLEXÃO: Como surgiu o coronavírus?

19. O CORONA DANÇOU

- MATERIAL: Som, música e fantasia do corona.
- ESPAÇO: Sala ou área adaptada
- DISPOSIÇÃO INICIAL: Escolher um aluno para ser o vírus e os demais à frente do corona para a coreografia.

- DESENVOLVIMENTO: Ao som da música todos deverão imitar o corona. Quando a música parar, "estátua".
- REFLEXÃO: Por que devemos evitar lugares de grandes aglomerações?

20. PROCURANDO O CORONA

- MATERIAL: Uma fantasia do vírus e uma bola de papel representando o coronavírus.
- ESPAÇO: Sala de aula.
- DISPOSIÇÃO INICIAL: Escolher um aluno para ser o corona e outro para sair da sala.
- DESENVOLVIMENTO: O corona deverá esconder a bola enquanto os demais alunos da turma deverão observar para saber onde foi escondida. O aluno que ficou de fora, será convidado a entrar e tentar achar o vírus representado pela bola, com a ajuda da turma. A turma só poderá ajudar com palmas. Palmas fortes quando o aluno que procura estiver perto e palmas fracas quando o aluno estiver longe.
- REFLEXÃO: Como surgiu o coronavírus?

21. NÃO QUERO O CORONA

- MATERIAL: Uma bola e uma fantasia do corona.
- ESPAÇO: Metade de uma quadra.
- DISPOSIÇÃO INICIAL: Escolher um aluno para ser o corona e os demais alunos ficarão sentados em círculo.
- DESENVOLVIMENTO: Como na brincadeira da "Galinha Choca", o vírus deverá colocar a bola atrás do colega e dar a volta no grupo para depois sentar-se no lugar vago. Enquanto o aluno com a bola tentará tocar a bola no corona.
- REFLEXÃO: É possível se contaminar por meio de aperto de mãos?

22. SINTOMAS

- MATERIAL: Uma folha escrita com cada sintoma do coronavírus.
- ESPAÇO: Sala de aula.
- DISPOSIÇÃO INICIAL: Escolher um aluno para ficar à frente dos demais alunos.

- DESENVOLVIMENTO: O professor deverá selecionar um sintoma para que o aluno escolhido faça a mímica e a turma tente adivinhar.
- REFLEXÃO: Qual os sintomas causados pelo coronavírus?

23. TRANSPORTANDO O DOENTE

- MATERIAL: Uma fantasia do coronavírus e cones para o hospital.
- ESPAÇO: Área ampla.
- DISPOSIÇÃO INICIAL: Escolher um aluno para ser o vírus.
- DESENVOLVIMENTO: Após ensinar uma técnica de transporte de ferido ou doente, iniciar um pique em que aqueles alunos que forem pegos pelo vírus deverão ficar sentados ou deitados aguardando o transporte para o hospital. O transporte deverá ser feito sempre em dupla, onde um dos alunos será responsável pela segurança do transporte.
- REFLEXÃO: O coronavírus tem cura?

24. CAÇANDO O CORONA

- MATERIAL: Uma fantasia do corona.
- ESPAÇO: Área ampla.
- DISPOSIÇÃO INICIAL: Escolher um aluno-corona.
- DESENVOLVIMENTO: Após o aluno-corona se esconder, o professor deverá liberar os demais alunos para procurá-lo. Aquele aluno que encontrar o vírus poderá representá-lo na próxima rodada.
- REFLEXÃO: Por que quem está com o vírus precisa ficar isolado?

25. FORCA DO CORONA

- MATERIAL: Fantasia do coronavírus e caneta de quadro branco.
- ESPAÇO: Sala de aula.
- DISPOSIÇÃO INICIAL: Escolher um aluno para representar o vírus.
- DESENVOLVIMENTO: O aluno-corona deverá escolher uma palavra para jogar a forca com os demais alunos. Cada aluno da turma deverá falar uma letra de cada vez, porém, quando errar,

deverá demonstrar como se deve lavar as mãos. Quem acertar a palavra poderá ser o novo aluno-corona.

- REFLEXÃO: O que é o covid-19?

26. HANDECORONA

- MATERIAL: Coletes do vírus e bola de handebol.
- ESPAÇO: Meia quadra.
- DISPOSIÇÃO INICIAL: Organizar filas próximo à linha central da quadra e posicionar o aluno-corona à frente da área do handebol.
- DESENVOLVIMENTO: Ao sinal de início, o aluno com a bola deverá se descolar em direção ao gol, quicando a bola, com objetivo de fazer o gol. O aluno-corona deverá fazer uma barreira para evitar o gol.
- REFLEXÃO: Que medidas podemos adotar em nossas aulas para evitar contaminações?

27. LANÇANDO O CORONA

- MATERIAL: Uma bola de papel para cada aluno.
- ESPAÇO: Meia quadra ou equivalente.
- DISPOSIÇÃO INICIAL: Um aluno ao lado do outro com sua

bola de papel na mão.

- **DESENVOLVIMENTO:** Ao sinal de início, um aluno de cada vez deverá lançar o corona o mais rápido longe possível.
- **REFLEXÃO:** O que é transmissão local, comunitária ou sustentada do coronavírus?

28. ÁGUA E SABÃO

- **MATERIAL:** Uma garrafa pet com água e sabão.
- **ESPAÇO:** Meia quadra ou equivalente.
- **DISPOSIÇÃO INICIAL:** Pedir para que os alunos formem duplas e com as duas mãos dadas. Pedir que uma das duplas pegue a garrafa.
- **DESENVOLVIMENTO:** Ao sinal de início, a dupla com a garrafa deverá passar para outra dupla e assim sucessivamente até que todos tenham pegado na garrafa. Este desafio deverá ser realizado em um tempo definido pelo professor.
- **REFLEXÃO:** O que torna o sabão eficiente contra o coronavírus?

29. ESPIRRO

- **MATERIAL:** Dois coletes de corona, uma bola de voleibol leve e cones para o hospital.
- **ESPAÇO:** Equivalente a meia quadra.
- **DISPOSIÇÃO INICIAL:** Desenhar três linhas paralelas no chão a uma distância de 12 a 15 passos cada. Escolher dois alunos-corona para ficarem nas linhas de fora, onde um deles ficará com a bola e os demais alunos da turma ficarão próximos à linha central, lado a lado.
- **DESENVOLVIMENTO:** Ao sinal de início, o corona com a bola deverá simular um espirro e ao mesmo tempo sacar a bola visando atingir um dos colegas da linha central. Quem for atingido deverá ficar de quarentena no hospital.
- **REFLEXÃO:** O que é pandemia?

30. RESISTA AO CORONA

- **MATERIAL:** Um colete de coronavírus.
- **ESPAÇO:** Meia quadra ou área equivalente.
- **DISPOSIÇÃO INICIAL:** Escolher um aluno-corona e os

demais alunos farão um círculo de mãos dadas e em pé. Escolher outro aluno para ficar dentro do círculo.

- DESENVOLVIMENTO: Ao sinal de início, o aluno-corona terá como objetivo pegar o aluno que está dentro do círculo. Os alunos do círculo deverão proteger o aluno-cidadão que poderá se deslocar para fora também.
- REFLEXÃO: Qual o jeito certo de tossir e de espirrar?

4.2. OS JOGOS TRANSVERSAIS, A COVID-19 E A FAMÍLIA 1

Após a decretação do isolamento social, percebemos a necessidade de alcançarmos nossos alunos a distância, pois essa era a nova realidade atual. Todas as redes de ensino tiveram que se ajustar a essa nova situação. Precisávamos dar continuidade ao trabalho de forma "remota". Nos apresenta, naquele momento, a seguinte questão: como realizar Jogos Transversais para um aluno só? Isso não seria muito interessante. A ideia que surgiu, então, foi a de organizar jogos pensando no grupo familiar. Segundo Rui Barbosa, a "família é a célula mater da sociedade". A família é de fato a primeira sociedade da qual se faz parte. Nela vivemos a maior parte da nossa existência e adquirimos os primeiros ensinamentos para a vida. A educação moral, por exemplo, era reconhecida no passado como a "educação primeira". Uma educação rica em valores ético-morais, mas que devido a vários fatores da evolução social, vem sendo negligenciada e executada em sua maior parte pela escola. Essa educação é tão importante e é dever de todos nós. Por isso, percebemos a grande oportunidade de ser implementada, na família, durante a pandemia.

Temas relevantes como a ética, a solidariedade, a justiça e o diálogo estão neste trabalho para contribuírem com a legitimação destes valores. Os jogos e brincadeiras são ótimas atividades para integrar a família. Nestes dias difíceis de tensão e stress contínuo, estas atividades poderão contribuir para o relaxamento, aproximação e valorização da família. A reflexão incluída nos Jogos Transversais serve para pensarmos nas melhores atitudes a serem adotadas na convivência social. Lembrando que elas nos remetem aos princípios democráticos constitucionais da dignidade humana, da igualdade de direitos, da participação e corresponsabilidade pela vida social. A segurança dos familiares é o mais importante, por isso todas as atividades deverão ser bem pensadas com vistas a atingir esse objetivo.

1.   PROCURANDO A CHAVE DA ÉTICA

• MATERIAL: Uma chave.

• ESPAÇO: Adaptado.

• ESQUEMA INICIAL: Escolher um familiar para esconder a chave da ética sem os demais verem.

• DESENVOLVIMENTO: Ao sinal de início, os familiares deverão procurar a chave no espaço e quem a escondeu deverá dizer quem está quente, quando estiver perto, e frio quando estiver longe.

• REFLEXÃO: Por que dizem que a ética é a chave para um mundo melhor?

2.   O AMOR

• MATERIAL: Giz.

• ESPAÇO: Área adaptada.

• ESQUEMA INICIAL: Cada familiar deverá ficar dentro de um "coração" que será desenhado no chão. Um dos familiares deverá ser escolhido para liderar.

• DESENVOLVIMENTO: Quando o líder falar a palavra "amor", os familiares terão que trocar de "coração". A cada troca um coração será riscado, porém ninguém poderá ficar de fora.

• REFLEXÃO: Por que o amor é fundamental em uma família?

3. DIFERENÇAS

• MATERIAL: Papel, canetas, vendas e algodão.

• ESPAÇO: Área adaptada.

• ESQUEMA INICIAL: Cada um da família terá uma característica específica, como: 1. Cego e surdo; 2. Cego e mudo; 3. Cego e só com o braço direito; 4. Cego e só com o braço esquerdo; 5. Sem braços.

• DESENVOLVIMENTO: Cada grupo deverá desenhar uma casa. Cada integrante do grupo desenhará uma parte da casa de cada vez.

• REFLEXÃO: Respeito às diferenças.

4. GENTILEZA

• MATERIAL: Cartões de papel e canetinhas.

• ESPAÇO: Pequena área.

• ESQUEMA INICIAL: Sentados em círculo, cada pessoa da família com uma canetinha e um cartão.

• DESENVOLVIMENTO: Cada pessoa deverá escrever ou desenhar um presente simbólico para alguém do grupo. Em seguida, um de cada vez deverá oferecer seu presente à pessoa escolhida.

• REFLEXÃO: Por que dizem que gentileza gera gentileza?

5.   SUPERAÇÃO

• MATERIAL: Bola de festa e um barbante.
• ESPAÇO: Adaptado.
• ESQUEMA INICIAL: Duas equipes.
• DESENVOLVIMENTO: Um jogo de voleibol em que os jogadores só poderão jogar sentados. As regras poderão ser flexibilizadas para que o jogo flua com continuidade.
• REFLEXÃO: As dificuldades da vida e o poder da superação.

6.   OBRIGADO, DE NADA E DESCULPE

• MATERIAL: Uma bola macia.
• ESPAÇO: Adaptado.
• ESQUEMA INICIAL: Família de pé e em círculo.
• DESENVOLVIMENTO: Cada pessoa deverá fazer lançamentos com a bola para outra pessoa; quando o lançador acertar o recebedor falará "Obrigado" e o lançador "De nada". Quando o lançador mandar uma bola difícil, falará "desculpe". Caso a bola seja fácil e o recebedor deixe-a cair, este pegará a bola e agradecerá normalmente.

• REFLEXÃO: A convivência fica melhor quando demonstramos educação e respeito para com as pessoas?

7. POR FAVOR

• MATERIAL: Nenhum.
• ESPAÇO: Adaptado.
• ESQUEMA INICIAL: Família de pé em círculo.
• DESENVOLVIMENTO: Uma pessoa da família será escolhida para iniciar. Esta deverá escolher uma outro pessoa, dirigir-se para sua frente e dizer "Por favor, você poderia me levar para o meu lugar?". A pessoa escolhida deverá transportar no colo a pessoa escolhida para o seu lugar. Em seguida deverá se dirigir a outro componente e falar a frase combinada. O ideal é que todos possam participar. Caso a pessoa se esqueça de falar a "palavra mágica", ela é quem deverá carregar o escolhido para seu lugar e em seguida tentar novamente.
• REFLEXÃO: Em que situações devemos utilizar a expressão "por favor"?

8. BOM DIA, BOA TARDE E BOA NOITE

• MATERIAL: Canetas ou canetinhas.
• ESPAÇO: Adaptado.
• ESQUEMA INICIAL: Escrever na mão dos componentes da família, de forma aleatória, "dia", "tarde" e "noite" e pedir que se espalhem pelo espaço.
• DESENVOLVIMENTO: Ao sinal de início, deverão deslocar-se pelo espaço. Ao comando de "preparar para o cumprimento", os componentes deverão parar em frente a um outro. Após o comando de "cumprimentar", cada um cumprimentará de acordo com a sua inscrição na mão. Quando o cumprimento coincidir os alunos deverão se abraçar.
• REFLEXÃO: Por que algumas pessoas adotam o cumprimento e outras não?

9.   PALAVRÃO
• MATERIAL: Folhas de papel e canetas ou lápis.
• ESPAÇO: Sala ou área pequena.
• ESQUEMA INICIAL: Componentes sentados e divididos em duas equipes.
• DESENVOLVIMENTO: Os componentes serão desafiados a escrever as maiores palavras que conhecem. Uma palavra por rodada. Cada rodada valerá um ponto. Em seguida, poderão escrever a palavra mais estranha que conhecem.
• REFLEXÃO: Por que algumas palavras não devem ser ditas?

10. PROFESSOR
• MATERIAL: Nenhum.
• ESPAÇO: Adaptado.
• ESQUEMA INICIAL: Os componentes serão divididos em duplas. Um dos componentes será o "professor" e o outro o "aluno".
• DESENVOLVIMENTO: Ao sinal de início, cada "professor" deverá ensinar alguma coisa que ache interessante ser aprendida. Em seguida serão trocadas as funções. No final poder-se-á se verificar os ensinos mais interessantes.
• REFLEXÃO: Ser professor é uma profissão fácil? Por quê?

11. ACHADO NÃO É ROUBADO?

• MATERIAL: Objetos de uso escolar (lápis, borracha, apontador, cola etc.).
• ESPAÇO: Adaptado.
• ESQUEMA INICIAL: Os objetos deverão ser escondidos no espaço. Cada objeto terá uma pontuação. Os componentes da família serão divididos em duas equipes.
• DESENVOLVIMENTO: Ao sinal de início, as equipes vão procurar os objetos durante um determinado tempo.
• REFLEXÃO: Os objetos achados que não são nossos devem ficar sob nossa posse?

12. OFERECENDO A OUTRA FACE

• MATERIAL: Nenhum.
• ESPAÇO: Adaptado.
• ESQUEMA INICIAL: Família em pé e em círculo. Escolher dois componentes para iniciar a atividade.
• DESENVOLVIMENTO: Ao sinal de início, um dos componentes escolhidos iniciará simulando uma bofetada, e o outro deverá reagir proporcionalmente. Em seguida, o que recebeu o gesto oferecerá a outra face. Depois esta pessoa fará o mesmo com a outra seguinte e assim sucessivamente, até que todos tenham participado.
• REFLEXÃO: Por que o perdão é considerado tão importante?

13. ANDANDO NA LINHA

• MATERIAL: Fita crepe.

• ESPAÇO: Adaptado.

• ESQUEMA INICIAL: Fazer linhas no chão da casa. Um componente deverá ser escolhido para ser "fiscal de linha".

• DESENVOLVIMENTO: Ao sinal de início, todos os demais componentes da família deverão andar na linha. Quem for pego fora da linha deverá "pagar um mico".

• REFLEXÃO: Muitos pais recomendam a seus filhos "andar na linha". Por que razão?

14. TROCA DE PAPÉIS

• MATERIAL: Roupas ou objetos dos familiares.

• ESPAÇO: Adaptado.

• ESQUEMA INICIAL: Caracterização dos familiares. Cada familiar irá fazer um papel diferente dentro do grupo. Pais serão filhos e filhos serão pais.

• DESENVOLVIMENTO: Quando estiverem prontos, começarão a encenação do cotidiano familiar.

• REFLEXÃO: O que puderam aprender neste jogo?

15. FAIR PLAY (Jogo limpo)

• MATERIAL: Bola de festa, cartões amarelo e vermelho.

• ESPAÇO: Área adaptada.

• ESQUEMA INICIAL: Um dos componentes deverá ser o juiz e os demais ficarão livres no espaço.

• DESENVOLVIMENTO: Ao sinal de início, a bola será colocada em jogo, e o objetivo é não deixá-la cair. Quando alguém tocar em outra pessoa, receberá um cartão amarelo; se tocar novamente receberá o vermelho e ficará dois minutos fora do jogo.

• REFLEXÃO: Por que há violência no esporte?

16. O JUSTICEIRO

• MATERIAL: Nenhum.

• ESPAÇO: Adaptado.

• ESQUEMA INICIAL: Um componente será escolhido para ser o "justiceiro". Este deverá determinar quem deverá carregar quem do grupo, o qual deverá ficar atrás de uma linha demarcada no chão.

• DESENVOLVIMENTO: Após o sinal de início, todos deverão transportar o familiar até um determinado ponto.

• REFLEXÃO: Princípio da igualdade, da equidade e a distribuição real da justiça entre pobres e ricos.

17. O JUIZ

• MATERIAL: Giz.
• ESPAÇO: Adaptado.
• ESQUEMA INICIAL: Em trio, com dois familiares dentro de um círculo de dois metros de diâmetro e outro familiar do lado de fora, que terá a função de "juiz".
• DESENVOLVIMENTO: O juiz determinará três regras para a competição de luta que ocorrerá entre a dupla, em que o principal objetivo será expulsar o oponente do círculo. • REFLEXÃO: As regras, seu cumprimento e seus desdobramentos.

18. IGUALDADE

• MATERIAL: Nenhum.
• ESPAÇO: Adaptado.
• ESQUEMA INICIAL: Familiares em dupla, frente a frente.
• DESENVOLVIMENTO: Ao sinal de início, como em um espelho, o que um familiar fizer o outro deverá imitar. Em seguida, trocam-se as funções.
• REFLEXÃO: A igualdade como premissa básica da justiça.

19. SEMENTE DO MAL
• MATERIAL: Bolas de gás de cor preta.
• ESPAÇO: Adaptado.
• ESQUEMA INICIAL: Cada familiar com a sua bola cheia.
• DESENVOLVIMENTO: Ao sinal de início, os familiares deverão tocar as bolas (sementes do mal) para o alto sem deixá-las cair no chão (solo fértil). Quem deixar a bola cair, sai do jogo.
• REFLEXÃO: O que é o mal?

20. ANJO DA GUARDA
• MATERIAL: Vendas.
• ESPAÇO: Adaptado.
• ESQUEMA INICIAL: Em duplas, em que um dos familiares, o "cego", ficará vendado e o outro será o "vidente".
• DESENVOLVIMENTO: Ao sinal de início, os cegos deverão se deslocar com o auxílio do vidente para alcançar um ponto determinado.
• REFLEXÃO: Os mais "fortes" devem ajudar os mais "fracos"?

21. SALVE-SE QUEM PUDER
• MATERIAL: Folhas de jornal e aparelho de som.
• ESPAÇO: Adaptado.
• ESQUEMA INICIAL: Dançando livremente ao redor das folhas de jornal,

que representarão botes salva-vidas.

• DESENVOLVIMENTO: Quando a música parar, todos deverão buscar a salvação subindo nos botes. Não será informado (só se for perguntado) quantas pessoas podem ficar em cada bote.

• REFLEXÃO: Cooperação e ajuda ao próximo.

22. SOCORRO

• MATERIAL: Nenhum.

• ESPAÇO: Adaptado.

• ESQUEMA INICIAL: Grupo dividido em duplas.

• DESENVOLVIMENTO: Após alguma noção de técnicas de transporte de feridos, o grupo deverá deslocar-se de um ponto a outro transportando o parceiro.

• REFLEXÃO: A importância do pronto atendimento.

23. O ABRAÇO

• MATERIAL: Nenhum.

• ESPAÇO: Adaptado.

• ESQUEMA INICIAL: Familiares em dupla. Um deverá abraçar o outro de frente e colocar os pés em cima dos pés do outro familiar. Posicionar na largada.

• DESENVOLVIMENTO: Ao sinal de início, as duplas deverão percorrer a distância estabelecida.

• REFLEXÃO: O poder e a energia transmitidos pelo abraço.

24. DOAÇÃO

• MATERIAL: Folhas de papel.
• ESPAÇO: Adaptado.
• ESQUEMA INICIAL: Em círculo, todos receberão uma folha e deverão confeccionar algo para dar de presente a qualquer familiar.
• DESENVOLVIMENTO: O jogo iniciará com alguém que será escolhido aleatoriamente. Este deverá dar para outro familiar o objeto que confeccionou e dizer o que representa. O jogo termina quando todos já tiverem trocado suas criações.
• REFLEXÃO: A fraternidade como princípio básico para o exercício da cidadania e da felicidade.

25. DEFICIENTE VISUAL

• MATERIAL: Fitas de TNT ou tecido preto.
• ESPAÇO: Área adaptada.
• ESQUEMA INICIAL: Familiares em duplas de mãos dadas. Um dos familiares com os olhos vendados.
• DESENVOLVIMENTO: Ao sinal de início, os familiares deverão percorrer uma distância ou cumprir determinado objetivo. Em seguida trocam-se as funções.
• REFLEXÃO: A solidariedade aos deficientes visuais.

26. TERCEIRA IDADE

• MATERIAL: Fitas de TNT ou tecido e fitas de TNT ou tecido preto.
• ESPAÇO: Adaptado.
• ESQUEMA INICIAL: Familiares em dupla. Um dos familiares deverá, com o auxílio do companheiro, amarrar as fitas nas articulações das pernas e dos braços, e também vendar os olhos.
• DESENVOLVIMENTO: Ao sinal de início, os familiares deverão percorrer uma distância ou cumprir determinado objetivo. Em seguida, trocam-se as funções.
• REFLEXÃO: A solidariedade e o respeito aos idosos.

27. MENSAGEIRO

• MATERIAL: Nenhum.
• ESPAÇO: Adaptado.

• ESQUEMA INICIAL: Sentados em círculo.

• DESENVOLVIMENTO: Uma mensagem será transmitida para um familiar do grupo, que deverá passá-la no ouvido do familiar ao lado, e assim sucessivamente. Ao final, o último deverá transmitir a mensagem recebida.

• REFLEXÃO: A importância da comunicação e os inconvenientes ou repercussões indesejadas de uma comunicação deficiente.

28. A PALAVRA E OS DARDOS

• MATERIAL: Dardos de papel.

• ESPAÇO: Área adaptada.

• ESQUEMA INICIAL: Dois grupos iguais a uma distância de cinco passos; um dos grupos ficará com os dardos. O outro grupo lado a lado e de costas.

• DESENVOLVIMENTO: Ao sinal de início, o grupo com os dardos tentará acertar os familiares do outro grupo, e vice-versa. Quem for acertado deverá cumprir uma tarefa e retornar.

• REFLEXÃO: Com base no provérbio de que "há três coisas que não voltam atrás: a flecha lançada, a palavra pronunciada e a oportunidade perdida", quanto as palavras podem ferir e magoar as pessoas?

29. FAZENDO AMIGOS

• MATERIAL: Nenhum.

• ESPAÇO: Adaptado.

• ESQUEMA INICIAL: Em duplas.
• DESENVOLVIMENTO: Os familiares de cada dupla deverão buscar o máximo de informações sobre a vida do colega, como numa entrevista, para depois contar para o grupo.
• REFLEXÃO: A empatia e o diálogo como instrumento de aproximação.

30. JOGO DO SILÊNCIO
• MATERIAL: Nenhum.
• ESPAÇO: Área adaptada.
• ESQUEMA INICIAL: Familiares separados em duplas.
• DESENVOLVIMENTO: Um dos familiares da dupla deverá fazer mímica sobre determinado assunto, e o outro deverá descobrir qual é a mensagem. Em seguida, trocam-se as funções.
• REFLEXÃO: A hora de falar e a hora de ouvir.

4.3. JOGOS TRANSVERSAIS, A COVID-19 E A FAMÍLIA II

Estes Jogos Transversais foram pensados de uma forma mais contextualizada, ou seja, ligando-os as temáticas mais relevantes da pandemia como: coronavírus, *lockdown*, medidas preventivas, distanciamento social, o uso de máscara, etc.

1.   CORONAVÍRUS 1

• MATERIAL: Uma bola de papel para representar o Coronavírus.

• ESPAÇO: Adaptado em casa.

• ESQUEMA INICIAL: Todos os familiares, em círculo, em pé ou sentado. Escolher um líder para ficar de fora e com os olhos fechados.

• DESENVOLVIMENTO: Ao sinal de início, os familiares deverão passar o Coronavírus de mão em mão sucessivamente. Quando o líder falar: - Parou! Quem estiver segurando o Corona, deverá lavar as mãos, corretamente, e, logo em seguida, retornar para o jogo.

• REFLEXÃO: Por que surgiu o Coronavírus?

2.   CORONAVÍRUS 2

• MATERIAL: Um adesivo de Coronavírus. (um papel com desenho do Corona e durex no verso)

• ESPAÇO: Toda a casa.

• ESQUEMA INICIAL: Escolher um líder para ser o Coronavírus.

• DESENVOLVIMENTO: O líder irá fazer a contagem de 1 a 30, enquanto os demais familiares deverão se esconder. Quando o líder terminar, ele irá procurar os familiares. Quem for encontrado, deverá ir lavar as mãos.
• REFLEXÃO: O que podemos fazer para evitar novas pandemias?

3. CORONAVÍRUS 3

• MATERIAL: Uma bola de papel para representar o Corona e uma máscara para cada familiar.
• ESPAÇO: Adaptado.
• ESQUEMA INICIAL: Familiares em círculo e de pé. As máscaras posicionadas com a mesma distância de cada familiar.
• DESENVOLVIMENTO: Os familiares deverão jogar a bola, aleatoriamente, entre si, sem deixá-la cair. Caso isso aconteça, todos deverão correr, colocar a máscara e retornar aos seus lugares. O familiar, que chegar por último, deverá ir lavar as mãos.
• REFLEXÃO: Que ensinamentos, podemos retirar desse acontecimento?

4. FIQUE EM CASA 1

• MATERIAL: Talão de multas (papel e lápis).
• ESPAÇO: Adaptado.
• ESQUEMA INICIAL: Um familiar deverá ser escolhido para fazer o papel de guarda e este deverá construir uma prisão. Os demais familiares deverão, cada um, fazer uma casa e ficar dentro dela. (Ex. Casa de almofada)
• DESENVOLVIMENTO: Quando o jogo iniciar; quem for pego fora de casa, pela primeira, vez será advertido pelo guarda. Já, na segunda vez, receberá uma multa e, na terceira vez, será preso.
• REFLEXÃO: Por que nem todas as pessoas respeitam as leis e regras?

5. FIQUE EM CASA 2

• MATERIAL: Nenhum.
• ESPAÇO: Toda a casa.
• ESQUEMA INICIAL: Escolher um elemento da família para ser o mestre.
• DESENVOLVIMENTO: Como na brincadeira "seu mestre mandou", todos deverão seguir as ordens do mestre. (Ex.: Fazer exercícios, cortar o cabelo, dançar, limpar a casa, live de música e outras.)
• REFLEXÃO: É realmente necessário ficar em casa? Por quê?

6. FIQUE EM CASA 3

• MATERIAL: Giz.

• ESPAÇO: Área ampla.
• ESQUEMA INICIAL: Desenhar, no chão, círculos para cada familiar, menos um. Escolher um familiar para representar o Coronavírus que deverá ficar posicionado distante do grupo. Escolher um líder que deverá ficar no círculo também.
• DESENVOLVIMENTO: Quando o líder disser a palavra "Coronavírus", todos deverão trocar de círculo. Quem for pego, durante a troca, deverá fazer uma tarefa estabelecida, entre os participantes, anteriormente.
• REFLEXÃO: Por que ficar em casa é tão importante?

7.   LAVE AS MÃOS 1

• MATERIAL: Adesivos de Coronavírus (papel pequeno com desenho do vírus e durex no verso)
• ESPAÇO: Toda a casa.
• ESQUEMA INICIAL: Escolher um líder que deverá colar os adesivos ou escondê-los em alguns objetos da casa.
• DESENVOLVIMENTO: O líder pedirá para os demais familiares trazer para ele objetos, como exemplo, um caderno que poderá ter o vírus no meio de suas folhas. Quem trouxer algum objeto com vírus deverá lavar as mãos corretamente. Quem não cumprir a tarefa deverá "pagar um mico" ou uma "prenda".
• REFLEXÃO: Por que devemos lavar as mãos corretamente?

8.   LAVE AS MÃOS 2

• MATERIAL: Um jogo de baralho, cujas cartas de coringas deverão ter um adesivo do Coronavírus.
• ESPAÇO: Adaptado.
• ESQUEMA INICIAL: Escolher um líder para distribuir e controlar as cartas.
• DESENVOLVIMENTO: A cada rodada, os participantes receberão uma carta e deverão deitá-las a mesa para saber quem colocou a de maior valor, pois este jogador ganhará a rodada. Caso alguém pegue o Coronavírus, deverá lavar as mãos e perderá as cartas que já ganhou. Vence quem, no final, tiver mais cartas ou mais pontos.
• REFLEXÃO: Que cuidados, nós podemos ter, além de lavar as mãos, para a prevenção do Coronavírus?

9.   ISOLAMENTO SOCIAL

• MATERIAL: Duas folhas e dois lápis ou canetas.
• ESPAÇO: Adaptado.
• ESQUEMA INICIAL: Dividir a família em duas equipes.
• DESENVOLVIMENTO: As equipes terão 5 ou 10 minutos para escrever o maior número de palavras com as letras das palavras "isolamento social".
• REFLEXÃO: Que efeitos podem ocorrer devido ao isolamento social?

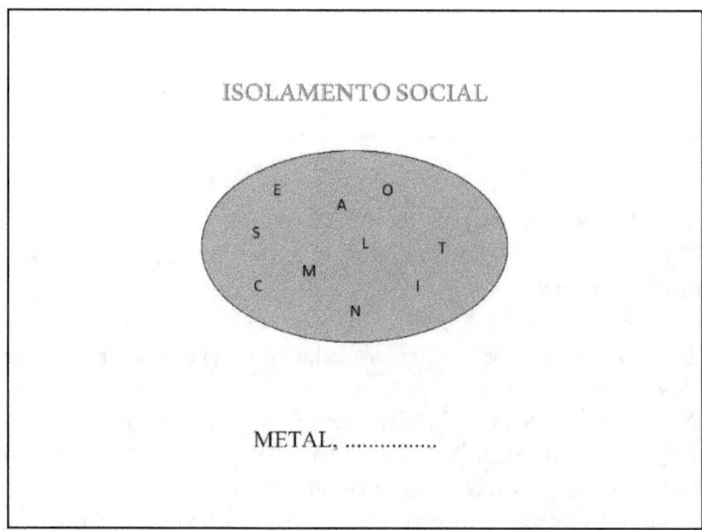

10. *LOCKDOWN* 1

• MATERIAL: Adesivos de setas e "X". (setas e a letra "X" de papel com durex no verso)

• ESPAÇO: Toda a casa.

• ESQUEMA INICIAL: Escolher um líder para colocar as setas no chão da casa, onde indicarão a direção a ser seguida e o "X," significando que as entradas ou locais estão bloqueados.

• DESENVOLVIMENTO: Todos os familiares deverão seguir as setas e, quando o líder falar a palavra Coronavírus, todos deverão se esconder.

• REFLEXÃO: O que é o *lockdown*?

11. *LOCKDOWN 2*

• MATERIAL: Adesivos de "X".

• ESPAÇO: Toda a casa.

• ESQUEMA INICIAL: O líder deverá colar os adesivos nas portas dos cômodos, armários, etc. Tais portas deverão ficar abertas.

• DESENVOLVIMENTO: Quando o líder falar a palavra *lockdown*, todos terão um tempo determinado pelo líder para fechar as portas.

• REFLEXÃO: Você concorda com o *lockdown*? Por quê?

12. *LOCKDOWN 3*

• MATERIAL: Lista de portas dos cômodos da casa. Exemplos: porta do banheiro, porta do quarto da mãe, etc.

• ESPAÇO: Toda a casa.

• ESQUEMA INICIAL: O líder deverá escrever na lista, aleatoriamente, ao

lado da metade das portas listadas *"lockdown"* e. da outra metade, "liberada".
• DESENVOLVIMENTO: Após o sinal de início, todos, menos o líder, deverão entrar através das portas e aguardar, nos cômodos. Que o líder passe, dizendo qual desses cômodos não poderia ter sido acessado ou quais poderiam. Os que acessaram os com *lockdown* deverão fazer uma tarefa combinada anteriormente.
• REFLEXÃO: Quais seriam as alternativas para o *lockdown*?

13. USE MÁSCARA 1

• MATERIAL: O necessário para cada familiar confeccionar a sua máscara.
• ESPAÇO: Adaptado.
• ESQUEMA INICIAL: Cada familiar deverá confeccionar a sua máscara. Escolher um líder para ser o jurado.
• DESENVOLVIMENTO: Todos deverão, um de cada vez, desfilar, usando as suas máscaras e o jurado deverá eleger a mais bonita e a mais eficiente.
• REFLEXÃO: Por que o uso de máscara é importante?

14. USE MÁSCARA 2

• MATERIAL: Uma máscara para cada participante.
• ESPAÇO: Adaptado.
• ESQUEMA INICIAL: Formar duplas e posicionarem-se, um em frente ao outro, olho no olho, mantendo a distância de 2 passos largos.
• DESENVOLVIMENTO: Ao sinal de início, aquele que rir primeiro, perde; e deverá ir lavar as mãos.
• REFLEXÃO: Qual o uso correto das máscaras?

15. SAÚDE X TRABALHO

• MATERIAL: Papel e lápis para cada familiar.

• ESPAÇO: Adaptado.

• ESQUEMA INICIAL: Dividir a família em dois grupos. Escolher um candidato para cada grupo e distribuir os papeis e lápis para os votantes. Definir qual candidato fará a campanha da saúde e a do trabalho.

• DESENVOLVIMENTO: Cada candidato deverá fazer o seu discurso para conseguir o maior número de votos. Um candidato defenderá a saúde e o isolamento social e o outro candidato defenderá o trabalho e a liberação das atividades econômicas. Por fim, os eleitores votarão na saúde ou no trabalho.

• REFLEXÃO: Qual seria a melhor solução para este problema?

4.4. JOGOS TRANSVERSAIS, A COVID-19 E A MÚSICA

Estes Jogos Transversais foram desenvolvidos para dialogar com a música contextualizada, ou seja, aquelas que foram criadas para tratar do assunto da Covid-19. Lembrando que a música se encaixa perfeitamente na metodologia dos Jogos Transversais, na parte do "enriquecimento". (ver capítulo 2)

Uma última orientação é ler ou ouvir as músicas antes das atividades e não esquecer da reflexão no final de cada jogo transversal.

1.   **O MUNDO PAROU**[6] - **Dudu Nobre, Edi Rock, Dexter e Ivo Meirelles**

REFRÃO
O mundo parou
Jesus Cristo, Alá, Oxalá
Oh meu Deus peço piedade
O mundo parou
Oh livro sagrado
Procuro razão pra essa enfermidade
Poderosos, ignorantes
Vão pedir socorro
Imagine o povão lá no morro
Passando mais fome e necessidade
RAP 1
De verdade Dudu
Oh, o mundo parou
Bem melhor prevenir do que remediar
Faça o certo
É necessário se conscientizar
Lave as mãos com sabão
Fuja da aglomeração
Cada um, cada qual
Fortalecendo a si próprio
Fortalece geral
Enquanto não há saída
Mano, saída é você
Enquanto a voz é a razão
A razão é o nosso viver

REFRÃO 2x
RAP 2

É lavar bem as mãos
E proteger os idosos
Permanecer em casa
Mas não ociosos
Ligar pros amigos
Vencer esta etapa
Já já esse vírus vai sumir do mapa
Não sair comprando
Nada vai acabar
Manter a calma
E não se desesperar
Pacientemente, seja chapa quente
Siga em frente, aguente

____

[6] https://www.youtube.com/watch?v=Y3xe_Z8Rj4E

1.1. O MUNDO PAROU

• MATERIAL: Uma máscara para cada participante da família, chinelos e a música "O mundo parou".

• ESPAÇO: Adaptado em casa.

• ESQUEMA INICIAL: Fazer um círculo com os chinelos e colocar todas as máscaras a uma mesma distância e afastada do círculo. Escolher um líder para tocar a música.

• DESENVOLVIMENTO: Ao som da música, todos deverão andar ou dançar em volta do círculo na mesma direção. Quando a música parar, os familiares deverão pegar a sua máscara, colocá-la e retornar para o lugar. Quem chegar por último ....

• REFLEXÃO: As comunidades mais carentes estão tendo o apoio necessário do governo, no combate ao Coronavírus? Por quê?

2.   **INUMERÁVEIS[7] - Chico César a partir de poema de Bráulio Bessa**

---

[7] https://www.youtube.com/watch?v=SOst9_kp2X8&list=PLFsf4n3ymrwIJEGu6 p7SHmjW3FAeuhhA7&index=2

André Cavalcante era professor
amigo de todos e pai do Pedrinho
O Bruno Campelo seguiu se caminho
Tornou-se enfermeiro por puro amor
Já Carlos Antônio, era cobrador

Estava ansioso pra se aposentar
A Diva Thereza amava tocar
Seu belo piano de forma eloquente
Se números frios não tocam a gente
Espero que nomes consigam tocar
Elaine Cristina, grande paratleta
fez três faculdades e ganhou medalhas
Felipe Pedrosa vencia as batalhas
Dirigindo über em busca da meta
Gastão Dias Junior, pessoa discreta
na pediatria escolheu se doar
Horácia Coutinho e seu dom de
cuidar
De cada amigo e de cada parente
Se números frios não tocam a gente
Espero que nomes consigam tocar
Iramar Carneiro, herói da estrada
foi caminhoneiro, ajudou o Brasil
Joana Maria, bisavó gentil.
E Katia Cilene uma mãe dedicada
Lenita Maria, era muito animada
baiana de escola de samba a sambar
Margarida Veras amava ensinar
era professora bondosa e presente.
Se números frios não tocam a gente
Espero que nomes consigam tocar
Norberto Eugênio era jogador
piloto, artista, multifuncional

Olinda Menezes amava o natal.
Pasqual Stefano dentista, pintor
Curtia cinema, mais um sonhador
Que na pandemia parou de sonhar
A vó da Camily não vai lhe abraçar
com Quitéria Melo não foi diferente
Se números frios não tocam a gente
Espero que nomes consigam tocar
Raimundo dos Santos, um homem
guerreiro
O senhor dos rios, dos peixes também
Salvador José, baiano do bem
Bebia cerveja e era roqueiro
Terezinha Maia sorria ligeiro
cuidava das plantas, cuidava do lar
Vanessa dos Santos era luz solar
mulher colorida e irreverente
Se números frios não tocam a gente
Espero que nomes consigam tocar
Wilma Bassetti vó especial
pra netos e filhos fazia banquete
Yvonne Martins fazia um sorvete
Das mangas tiradas do pé no quintal
Zulmira de Sousa, esposa leal
falava com Deus, vivia a rezar.
O X da questão talvez seja amar
por isso não seja tão indiferente
Se números frios não tocam a gente
Espero que nomes consigam tocar

2.1. INUMERÁVEIS

• MATERIAL: A letra da música para ler antes do jogo e um cronômetro.
• ESPAÇO: Adaptado em casa.
• ESQUEMA INICIAL: Dividir em dois grupos (o primeiro grupo dos "números" e o outro dos "nomes"). Escolher um familiar para ser o líder.
• DESENVOLVIMENTO: Quando o líder falar a palavra "número", estes deverão tocar nos integrantes do grupo "nome", ou quando o líder falar a

palavra "nome", estes deverão tocar nos integrantes do outro grupo. O líder deverá cronometrar o tempo para registrar o mais rápido e o mais lento.
• REFLEXÃO: Por que números nem nomes tocam algumas pessoas?

3. O CORONAVÍRUS – Música de Isabel Silva (Coordenadora da EM Dione – 10ª CRE)

O Coronavírus ele é um perigo, um perigo...
Ele não é meu amigo! E por isso, eu lavo as mãos...
Com muita água, com muito sabão.
E tem muita coisa que eu não faço não!
Nada de beijinho, nada de abraçar e com cotovelo vou cumprimentar.

3.1. O CORONAVÍRUS

• MATERIAL: A música do Coronavírus para tocar.
• ESPAÇO: Adaptado em casa.
• ESQUEMA INICIAL: Escolher um líder para começar.
• DESENVOLVIMENTO: Cada líder escolhido, um por vez, deverá organizar uma coreografia para a música. Ao final, os familiares deverão escolher a melhor coreografia.
• REFLEXÃO: A dança e a música podem nos ajudar em tempo de isolamento social? Por quê?

4.   A CURA TÁ NO CORAÇÃO [8]- <u>Gabriel, o Pensador</u>

A cura 'tá no coração, é
Todos dormem, cada um sonhando em sua cela
'To fugindo da loucura olhando pra janela
Não dormi a pandemia já deixou sequela
Poesia me procura e eu nunca fujo dela
Isolado mas nem tanto, 'to conectado
Mas me sinto abandonado como um náufrago na ilha deserta
Com saudade do calor de um abraço apertado
Meu pulmão 'tá funcionando mas meu peito aperta
Quando eu penso nesse vírus e em vários assuntos
No passado mais recente e em tudo que passamos juntos
Pensando bem, juntos não, mais ou menos,
Mais pra menos que mais, juntos jamais estivemos
Cada um com seus problemas, resolvendo pelo ódio
Cada um por si, e vale tudo pra chegar no pódio
Cada um na sua bolha, todo o resto é inimigo
Cada um fazendo escolhas olhando pro próprio umbigo
O…

4.1. A CURA TÁ NO CORAÇÃO

• MATERIAL: Um coração de papelão e vários outros pedaços de papelão escrito "vacina".
• ESPAÇO: Adaptado em casa.
• ESQUEMA INICIAL: Escolher um líder para esconder o "coração" e as "vacinas".
• DESENVOLVIMENTO: Ao sinal de início, todos deverão procurar as vacinas e o coração. Cada vacina vale um ponto e o coração vale cinco pontos.
• REFLEXÃO: Por que a cura está no coração?

---

[8]

https://www.youtube.com/watch?v=cGlCalnE8EQ&ab_channel=GabrieloPensador

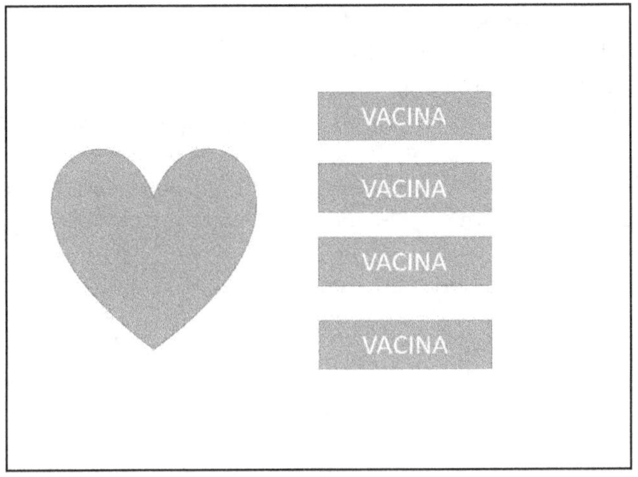

5. CoronaVírus[9] (part. Cardi B) - Shevchenko e Elloco

Melhor se prevenir, se liga rapaziada
Evitar tumulto e estar sempre de máscara
É melhor se prevenir, se liga rapaziada
Evitar tumulto e estar sempre de máscara
Então pega a visão e escuta no que eu digo
Evite passar a mão no rosto e pegar na mão do amigo
Evite passar a mão no rosto e pegar na mão do amigo
Então pega se quiser o
Coronavírus! Coronavírus!
Coronavírus! Coronavírus! (Hã)
Então pega se quiser o
Coronavírus!
Então pega se quiser o
Coronavírus! Coronavírus!
Coronavírus! Coronavírus!
Coronaví-í-í-í-vírus-vírus!
Co-Corona-rona-rona
Coro-vírus
Coronavírus! Coronavírus!
Coronavírus! Coronavírus!

---

9 https://www.youtube.com/watch?v=j_ZBeQ05r_0

5.1. FUNK DO CORONAVÍRUS

• MATERIAL: Música do Funk do Coronavírus para tocar e um chinelo.

• ESPAÇO: Adaptado em casa.

• ESQUEMA INICIAL: Sentar, em roda, no chão e colocar o chinelo no centro.

• DESENVOLVIMENTO: Um integrante do grupo deverá rodar o chinelo. Quando ele parar, para quem ele apontar, deverá entrar na roda e dançar o funk do Coronavírus.

• REFLEXÃO: O funk pode ser educativo?

6.   A Grande Família[10] - <u>Zeca Pagodinho, Dudu Nobre</u>

Esta família é muito unida
E também muito ouriçada
Brigam por qualquer razão
Mas acabam pedindo perdão
Pirraça pai, pirraça mãe, pirraça filha
Eu também sou da família, também quero pirraçar
Catuca pai, catuca mãe, catuca filha

---

[10] https://www.youtube.com/watch?v=xsOXzbC4zUI

Eu também sou da família, também quero catucar
Catuca pai, mãe, filha
Eu também sou da família, também quero catucar
Que família, hein!
Catuca quais, quais quais quais, quais quais quais
Quais quais quais, quais quais quais quais
Esta família é muito unida
E também muito ouriçada
Brigam por qualquer razão
Mas acabam pedindo perdão...
Pirraça pai, pirraça mãe, pirraça filha
Eu também sou da família, eu também quero pirraçar
Catuca pai, catuca mãe, catuca filha
Eu também sou da família, também quero catucar
Catuca pai, mãe, filha
Eu também...

6.1. A GRANDE FAMÍLIA

• MATERIAL: A música "A grande família" para tocar.

• ESPAÇO: Adaptado na casa.

• ESQUEMA INICIAL: Escolher um líder para iniciar a atividade. Os demais deverão ficar sentados no espaço (Cadeira, sofá, banco ou chão).

• DESENVOLVIMENTO: Quando a música tocar, o líder deverá ir dançando até um outro integrante da família. Deverá "catucá-lo" e esse deverá segui-lo imitando. Em seguida, o líder deverá se sentar. Assim teremos um novo líder que deverá agir igual ao anterior, e assim sucessivamente até o fim da música.

• REFLEXÃO: O que faz uma família ser especial?

7. O último dia[11] - Paulinho Moska

Meu amor, o que você faria se só te restasse um dia?
Se o mundo fosse acabar
Me diz o que você faria
Ia manter sua agenda
De almoço, hora, apatia
Ou esperar os seus amigos

---

[11] https://www.youtube.com/watch?v=G6F0fpdQq9Q

Na sua sala vazia
Meu amor, o que você faria se só te restasse esse dia?
Se o mundo fosse acabar
Me diz o que você faria
Corria pr'um shopping center
Ou para uma academia
Pra se esquecer que não dá tempo
Pro tempo que já se perdia
Meu amor, o que você faria se só te restasse esse dia?
E se o mundo fosse acabar
Me diz, o que você faria
Andava pelado na chuva
Corria no meio da rua
Entrava de roupa no mar
Trepava sem camisinha
Meu amor
O que você faria, em?
O que você faria?
Abria a porta do hospício
Trancava a da delegacia
Dinamitava o meu carro
Parava o tráfego…

7.1. O ÚLTIMO DIA

• MATERIAL: Papéis individuais com as seguintes atividades escritas "almoço, hora e apatia", "corrida pro shopping", "malhando na academia", "andando pelado na chuva", "entrando de roupa no mar", "abrindo a porta do hospício", "faxinando noite e dia" e "live de música".

• ESPAÇO: Adaptado em casa.

• ESQUEMA INICIAL: Escolher um líder para ficar com os papéis de atividades.

• DESENVOLVIMENTO: O líder deverá escolher algum integrante para retirar um papel sem ver o que está escrito. A tarefa que for retirada, deverá ser representada por quem a tirou. Os demais deverão assistir e dizer se valeu ou não.

• REFLEXÃO: Devemos viver a vida como se fosse o último dia? Por quê?

8.   Depende de nós[12] - <u>Ivan Lins</u>

Depende de nós
Quem já foi ou ainda é criança
Que acredita ou tem esperança
Quem faz tudo pra um mundo melhor
Depende de nós
Que o circo esteja armado
Que o palhaço esteja engraçado
Que o riso esteja no ar
Sem que a gente precise sonhar
Que os ventos cantem nos galhos
Que as folhas bebam orvalhos
Que o sol descortine mais as manhãs
Depende de nós
Se este mundo ainda tem jeito
Apesar do que o homem tem feito
Se a vida sobreviverá

8.1. DEPENDE DE NÓS

• MATERIAL: Papel e caneta para desenhar; uma tesoura e um cronômetro.
• ESPAÇO: Adaptado em casa.
• ESQUEMA INICIAL: Um dos integrantes da família deverá desenhar um planeta com detalhes no papel. Outro integrante deverá cortar em pedaços diferentes para servir de quebra-cabeça. Quando estiver pronto, outro integrante deverá embaralhar os pedaços virados para baixo. Um líder deverá ficar com o cronômetro.
• DESENVOLVIMENTO: Ao sinal de início, todos deverão tentar montar o quebra-cabeça no menor tempo possível. Em seguida, o grupo deverá ser desafiado a montar o quebra-cabeça em um tempo menor ainda.
• REFLEXÃO: O mundo ainda tem jeito? Por quê?

4.5. JOGOS TRANSVERSAIS, A COVID-19 E A ALFABETIZAÇÃO

---

[12]https://www.youtube.com/results?search_query=musica+depende+de+n%C3%B3s+de+ivan+lins

Em consequência da proximidade e possibilidade de retorno às aulas, no momento em que estávamos desenvolvendo estes Jogos Transversais, tentamos criar jogos que pudessem, ao mesmo tempo, ser usados em casa e/ou na escola. Em função disso, talvez, seja necessário um ajuste aqui ou ali. Já com relação a alfabetização, esse é um trabalho que estamos buscando o seu aprimoramento já a algum tempo e estamos preparando um possível livro. Destacamos dois textos, que poderiam ser quaisquer outros, um de minha autoria e o outro da nossa parceira Prof[a] Isabel[13], para servirem de base para os JT[14], ou melhor, seguem a mesma utilização, dentro da metodologia, inseridos no "enriquecimento".

TEXTO 1
A Chave Mágica da Ética e o Coronavírus

Nasce um novo dia no "Mundo Infeliz". Agora, uma grande pandemia toma conta desse mundo. Um vírus terrível está contaminando e matando muitas pessoas.
Ana é uma pequena menina que já perdeu muitos amigos e familiares. Ela, porém, está saudável e vem ajudando muitas pessoas no seu mundo.
Certo dia, quando se encontrava muito triste pelas últimas perdas, a Chave Mágica da Ética apareceu a sua frente.
A linda Chave perguntou a ela se gostaria de conhecer o "Mundo Feliz".
Ela respondeu imediatamente: - Sim!
A Chave Mágica então falou:
 - Precisamos falar a palavra mágica "ZILEFODNUM" três vezes, que significa mundo feliz ao contrário.
Após falarem juntas, surgiu um lindo portal dourado. A Chave entrou na fechadura e abriu a porta. Em seguida, entraram no "Mundo Feliz".
Ana ficou encantada com tanta beleza.
- Preciso te levar para conhecer o Doutor Vírus. Falou a Chave.
- Onde ele está? Perguntou Ana.
- No laboratório de vacinas, vamos até lá! Exclamou a Chave Mágica.
Chegando lá, Ana foi apresentada ao famoso Dr. Vírus e logo perguntou o que poderia fazer para ajudar o seu mundo.
Ele respondeu: - Lavar bastante a mão, ficar em casa e muita Philia. Esta última é muito importante para manter as defesas do corpo forte.
A Chave Mágica da Ética agradeceu ao doutor e disse que precisavam retornar ao "Mundo Infeliz" imediatamente. Mas para isso era preciso falar

---

[13] Coordenadora e professora da EM Professor Dione de Freitas Felisberto de Carvalho – 10ª CRE/SME-RJ
[14] Jogos Transversais

três vezes a palavra ZILEFNIODNUM, que significa mundo infeliz ao contrário, disse a Chave.

Após atravessarem a porta e chegarem ao "Mundo Infeliz", Ana parou, pensou e falou para a Chave Mágica:

- E agora, o que faço?

- Respeito, justiça e solidariedade! Respondeu a Chave Mágica.

Ana saiu correndo e foi pesquisar o que significava a palavra Philia.

Pesquisou o significado da palavra e descobriu por que ainda não havia pegado o Coronavírus. Em seguida, correu para contar ao seu povo tudo o que havia descoberto.

Profº Denis Bastos

TEXTO 2

O Coronavírus

O Coronavírus ele é um perigo, um perigo...

Ele não é meu amigo! E por isso, eu lavo as mãos...

Com muita água, com muito sabão.

E tem muita coisa que eu não faço não!

Nada de beijinho, nada de abraçar e com cotovelo vou cumprimentar.

Profª Isabel Silva

1. ALFABETO CORPORAL

• MATERIAL: Um cartaz com o desenho da ilustração e lista de palavras do texto 2.

• ESPAÇO: Adaptado.

• ESQUEMA INICIAL: Estabelecer uma ordem entre os participantes.

• DESENVOLVIMENTO: O mediador deverá escolher uma palavra para que o primeiro participante soletre com o alfabeto corporal, ou seja, tocando com a mão nas respectivas partes do corpo.

• REFLEXÃO: O uso da máscara e a proteção individual.

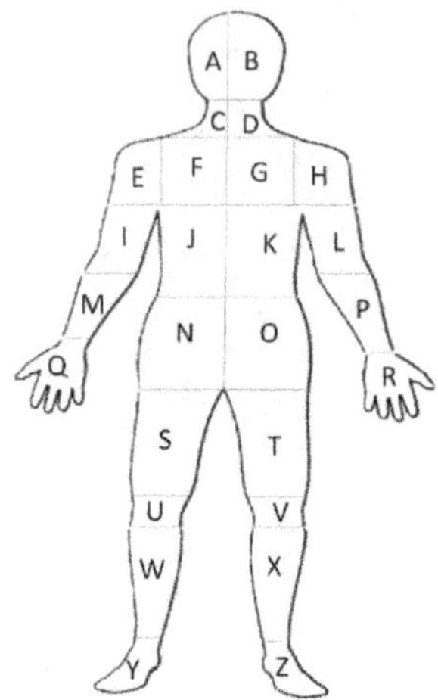

2. FORMANDO PALAVRAS 1

• MATERIAL: Uma folha e um lápis ou caneta para cada participante.
• ESPAÇO: Adaptado.
• ESQUEMA INICIAL: Dividir o grupo em duas equipes e escolher um líder para cada equipe.
• DESENVOLVIMENTO: Ao sinal de início, o líder de cada equipe, com a ajuda dos demais companheiros, deverá anotar outras palavras que possam ser formadas só com as letras da palavra CORONAVÍRUS (Ex. Navio).
• REFLEXÃO: Como devemos nos comportar no meio desta pandemia?

3. FORMANDO PALAVRAS 2

• Idem ao anterior, porém as equipes deverão formar uma palavra que inicie com cada letra da palavra CORONAVÍRUS (Ex. Cocada; Óculos; ......)
• REFLEXÃO: Por que surgiu o Coronavírus?

4. CAÇA-SÍLABAS

• MATERIAL: Cronômetro e sílabas da palavra "QUARENTENA" em papéis ou cartões.
• ESPAÇO: Adaptado.
• ESQUEMA INICIAL: O mediador[15] irá esconder as sílabas no espaço e

---

[15] Pessoa que irá coordenar a preparação e execução dos jogos.

cronometrar o tempo.

• DESENVOLVIMENTO: Ao sinal de início, o grupo deverá procurar as sílabas, para formar a palavra referida acima, em um menor tempo possível. Em seguida, o grupo deverá ser desafiado a fazer, em tempo menor ainda, a mesma tarefa.

• REFLEXÃO: Por que é importante respeitar as regras da quarentena?

5. CAÇA-PALAVRAS 1

• MATERIAL: As palavras PANDEMIA, SAÚDE e RESPEITO escritas em um pedaço de papelão.

• ESPAÇO: Adaptado.

• ESQUEMA INICIAL: O mediador deverá escolher um voluntário para esconder o rosto, em seguida, irá esconder as palavras para que o voluntário tente encontrá-las com a ajuda dos demais participantes. Para isso, o mediador deverá esconder as palavras no mesmo espaço que estão todos. Os participantes que irão ajudar o voluntário a encontrar, deverão ver onde estão sendo escondidas as palavras.

• DESENVOLVIMENTO: Ao sinal de início, o mediador pedirá para encontrar uma palavra que comece com a letra da palavra que ele quer que encontre (Ex. "P" de "**P**andemia"). Os demais participantes do jogo deverão bater palmas fortes, quando o voluntário estiver perto da palavra e palmas fracas para quando estiver longe.

• REFLEXÃO: Por que algumas pessoas não respeitaram as regras de isolamento social?

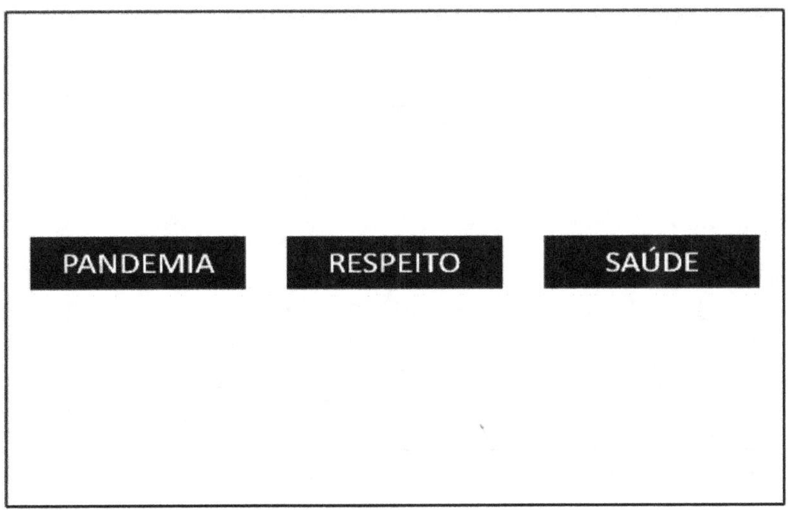

6. CAÇA-PALAVRAS 2

• Idem ao anterior, porém o mediador deverá pedir pela palavra que contenha uma sílaba específica (Ex. A sílaba "TO" da palavra "Respeito").
• REFLEXÃO: Por que o desrespeito às leis pode ter feito mais vítimas?

7. CAÇA-PALAVRAS 3

• Idem ao anterior, porém o mediador deverá pedir para que o grupo escreva uma frase para cada palavra encontrada.
• REFLEXÃO: O que é mais importante: a saúde ou o dinheiro?

8. FORCA

• MATERIAL: Um quadro ou uma folha para desenhar a forca e giz ou lápis.
• ESPAÇO: Adaptado.
• ESQUEMA INICIAL: Dividir o grupo em duas equipes.
• DESENVOLVIMENTO: O mediador deverá escolher palavras do texto 1 para desafiar as equipes a descobrirem. Um integrante de cada equipe, por vez, terá a chance de falar uma letra e dar um palpite sobre a palavra escondida.
• REFLEXÃO: Por que está havendo tantas mortes no Brasil?

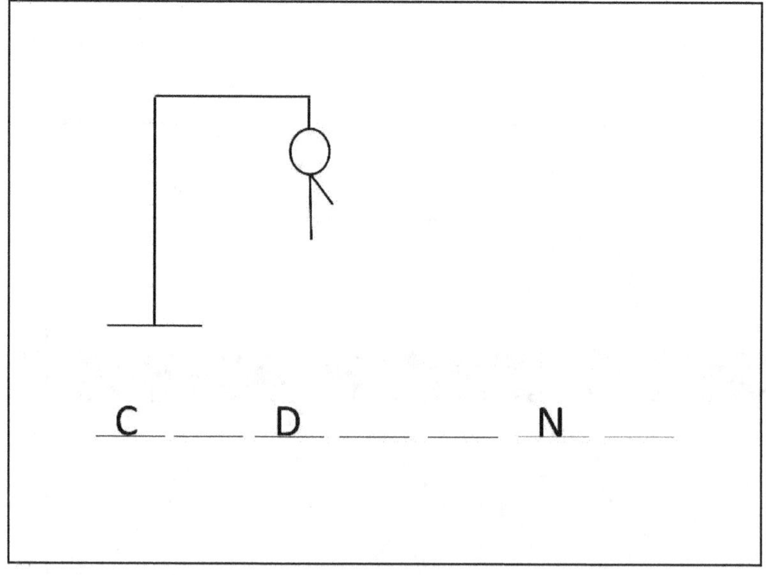

9. GINCANA

• MATERIAL: Folha e lápis para cada equipe.
• ESPAÇO: Adaptado.
• ESQUEMA INICIAL: Dividir o grupo em equipes e escolher um líder para cada uma.
• DESENVOLVIMENTO: O mediador deverá pedir as equipes para procurarem no texto 1, a maior e a menor palavra; palavras que tenham dígrafos; palavras que contenham encontros vocálicos e consonantais; etc. A equipe marcará um ponto para cada tarefa cumprida.
• REFLEXÃO: Escândalos de roubos de dinheiro público.

10. MÍMICA 1

• MATERIAL: Palavras do texto 2 escritas em uma folha.
• ESPAÇO: Adaptado.
• ESQUEMA INICIAL: Escolher um voluntário do grupo para iniciar a mímica.
• DESENVOLVIMENTO: O mediador deverá mostrar para o voluntário, a palavra que ele deverá fazer a mímica, só com a boca, das sílabas dessa palavra.
• REFLEXÃO: Escândalos e omissões.

11. DESCUBRA SE PUDER

• MATERIAL: Palavras do texto 2, separadas em sílabas e escritas em papéis separados.

• ESPAÇO: Adaptado.

• ESQUEMA INICIAL: Separar um número de participantes de acordo com a quantidade de sílabas da palavra escolhida. Cada membro do grupo receberá uma sílaba.

• DESENVOLVIMENTO: Ao sinal de já, cada participante deverá falar a sua sílaba, em voz alta e junto dos demais. Os outros participantes deverão descobrir que palavra está sendo pronunciada. Cada acerto vale um ponto. O grupo deverá ser desafiado a acertar 50% ou mais do número de palavras escolhidas.

• REFLEXÃO: Novos hábitos de higiene.

12. SOLETRANDO

• MATERIAL: Lista de palavras do texto 1.

• ESPAÇO: Adaptado.

• ESQUEMA INICIAL: Escolher uma ordem de participação dos componentes do grupo.

• DESENVOLVIMENTO: O mediador escolherá uma palavra para ser soletrada pelo primeiro participante. Errou, passa a vez. Quem acertar marcará um ponto. Quem fizer mais pontos ....

• REFLEXÃO: Nível de contágio do Coronavírus.

13. BOLICHE

• MATERIAL: Dez garrafas pet de 2 litros, uma bola pequena e sílabas de duas palavras, de cinco sílabas, escolhidas do texto 1[16], para colar nas garrafas.

• ESPAÇO: Adaptado.

• ESQUEMA INICIAL: Preparar o boliche de forma aleatória, com as sílabas misturadas e com os pinos na formação 4, 3,2 e 1. Separar em grupos de três participantes.

• DESENVOLVIMENTO: Cada grupo terá um arremesso para acertar as garrafas. Cada garrafa derrubada poderá ser usada para formar as palavras informadas.

• REFLEXÃO: Como podemos nos infectar?

---

[16] Foi trocado

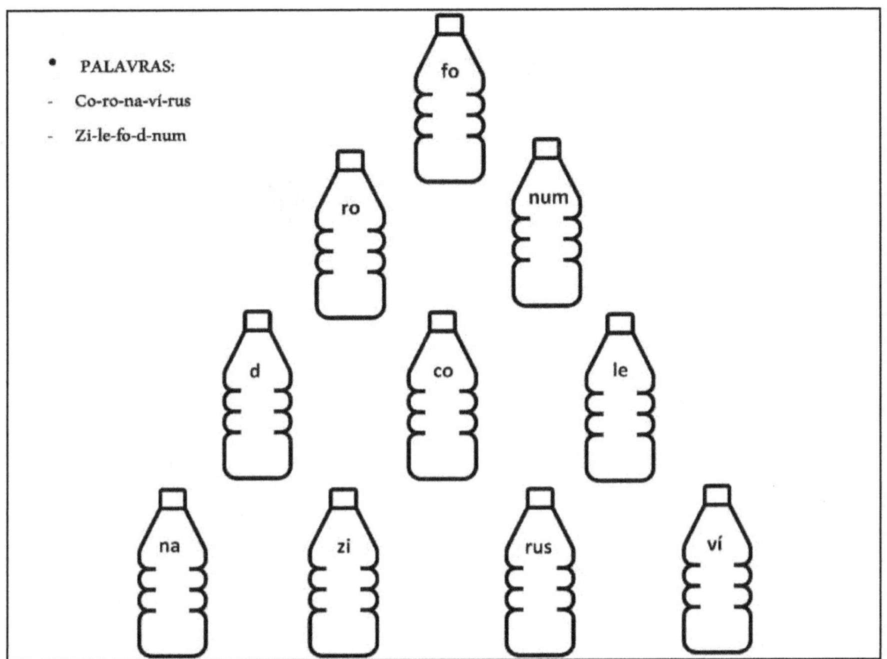

14. CINCO CORTA

• MATERIAL: Bola leve ou bola de festa, uma garrafa pet e palavras do texto 1 de 4 sílabas.

• ESPAÇO: Adaptado.

• ESQUEMA INICIAL: Grupo de 4 participantes, em pé e em roda. Uma garrafa pet no centro da roda.

• DESENVOLVIMENTO: Cada toque na bola deverá ser executado junto com a pronúncia de uma sílaba da palavra (Ex. Pan-de-mi-a, o primeiro a tocar na bola, fala a sílaba "pan", o segundo a sílaba "de" e assim sucessivamente). Quem falar a última sílaba, poderá cortar a bola, para tentar acertar a garrafa, do centro da roda.

• REFLEXÃO: Esta doença é muito perigosa? Por quê?

15. AMARELINHA

- MATERIAL: Giz para desenhar no chão.
- ESPAÇO: Adaptado.
- ESQUEMA INICIAL: Desenhar uma amarelinha com 8 partes e escrever no seu interior as sílabas da palavra "ISOLAMENTO SOCIAL".
- DESENVOLVIMENTO: Desafiar os participantes a completar o jogo de amarelinha pronunciando cada sílaba da casa que pular em cima.
- REFLEXÃO: O que é o isolamento social?

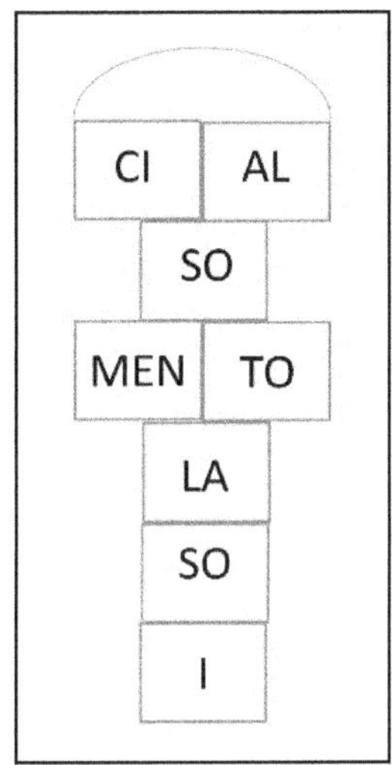

16. RIMA 1

- MATERIAL: Lista de palavras do texto 2.
- ESPAÇO: Adaptado.
- ESQUEMA INICIAL: Dividir o grupo em duas equipes.
- DESENVOLVIMENTO: O mediador falará uma palavra do texto para as equipes. Estas deverão falar uma ou mais palavras que rimam. Para cada palavra rimada, a equipe marcará um ponto.
- REFLEXÃO: Grupos de risco.

17. RIMA 2

- MATERIAL: Uma folha e lápis para cada equipe.
- ESPAÇO: Adaptado.
- ESQUEMA INICIAL: Dividir o grupo em duas equipes.
- DESENVOLVIMENTO: Cada equipe terá um tempo para desenvolver um texto rimado de quatro a seis linhas, com a palavra CORONAVÍRUS.
- REFLEXÃO: Por que está sendo tão difícil combater este vírus?

18. GOL

- MATERIAL: Uma bola, um par de chinelos e uma lista de palavras do texto 1.
- ESPAÇO: Adaptado.
- ESQUEMA INICIAL: Fazer um golzinho com um par de chinelos e colocar a bola a uma certa distância.

• DESENVOLVIMENTO: O mediador deverá pedir para os participantes, um de cada vez, soletrar a palavra escolhida. Quem acertar marcará um ponto e terá a chance de fazer um gol e marcar mais um ponto.
• REFLEXÃO: Desobediência e suas consequências.

19. BOLA AO ALTO
• MATERIAL: Uma bola.
• ESPAÇO: Adaptado.
• ESQUEMA INICIAL: Formar um círculo de pé e mais um participante no centro com a bola.
• DESENVOLVIMENTO: O participante do centro deverá jogar a bola ao alto e chamar um dos nomes dos participantes do jogo. Este deverá pegar a bola sem deixá-la cair. Quando pegar a bola, deverá falar uma letra e os demais participantes deverão falar uma palavra do texto 1 que inicia com a referida letra. Quem errar ou não souber deverá pagar uma prenda[17].
• REFLEXÃO: Vacina e prevenção.

20. HOSPITAL DO SUS
• MATERIAL: Giz para desenhar no chão.
• ESPAÇO: Adaptado.
• ESQUEMA INICIAL: Desenhar círculos para cada participante ficar dentro. Os círculos menores devem estar dispostos formando um círculo maior e com mais um círculo no centro. Cada círculo de fora deverá ter uma

---

[17] Uma tarefa ou mico combinados anteriormente.

letra escrita no meio.

• DESENVOLVIMENTO: Quem ficar no círculo central, quando falar a frase: - O médico chegou "A" e "B". Quem estiver dentro dos respectivos círculos, deverá trocar de lugar, um com outro. O participante que está no círculo central, deverá tentar entrar no interior dos círculos citados. Quando o participante do centro falar: - Coronavírus, todos deverão trocar de lugar.

• REFLEXÃO: Rede hospitalar e atendimento.

21. FORMANDO FRASES

• MATERIAL: Lista de palavras do texto 1.

• ESPAÇO: Adaptado.

• ESQUEMA INICIAL: Organizar o grupo sentado em círculo. Escolher uma palavra e um participante para iniciar.

• DESENVOLVIMENTO: O mediador deverá pedir para o participante escolhido iniciar somando mais uma palavra à palavra inicial, com o objetivo de formar uma frase. Assim todos deverão proceder, sucessivamente, até não conseguir mais.

• REFLEXÃO: Alimentação e saúde no combate ao Coronavírus.

22. EMBAIXADINHA

• MATERIAL: Lista de palavras do texto 1 e uma bola para embaixadinha ou bola de festa.

• ESPAÇO: Adaptado.

•ESQUEMA INICIAL: Estabelecer uma ordem de execução entre os participantes.

• DESENVOLVIMENTO: Os participantes deverão ser desafiados a realizarem embaixadinhas de acordo com a divisão silábica de cada palavra escolhida. Começando das menores para as maiores. Quem não conseguir deverá pagar uma prenda.

• REFLEXÃO: Sintomas e contaminação.

23. NÃO DEIXE CAIR

• MATERIAL: Uma bola para jogar voleibol ou uma bola de festa; uma lista de palavras do texto 1.

• ESPAÇO: Adaptado.

• ESQUEMA INICIAL: Grupo em círculo e em pé.

• DESENVOLVIMENTO: Usando os fundamentos do jogo de voleibol, quando cada participante tocar na bola, deverá falar uma letra da palavra escolhida pelo mediador, começando com as menores e depois as maiores. Quem deixar a bola cair deverá pagar uma prenda.

• REFLEXÃO: Dificuldades e superação.

24. CRIANDO UMA HISTÓRIA

• MATERIAL: Lista de palavras do texto 1.
• ESPAÇO: Adaptado.
• ESQUEMA INICIAL: Organizar o grupo sentado em círculo. Escolher uma palavra e um participante para iniciar.
• DESENVOLVIMENTO: O mediador deverá pedir ao participante escolhido para iniciar somando mais uma frase à palavra inicial, com o objetivo de construir uma história. Assim todos deverão proceder, sucessivamente, até finalizarem a história.
• REFLEXÃO: Qual o final que queremos para a história do Coronavírus?

25. VAI E VEM

• MATERIAL: Garrafas pet de 2 litros, com letras das iniciais de uma lista de palavras com base no texto 2 e um cronômetro.
• ESPAÇO: Adaptado.
• ESQUEMA INICIAL: Participantes em fila, a uma distância das garrafas que deverão estar em linha, lado a lado.
• DESENVOLVIMENTO: O mediador deverá ler a palavra escolhida e cronometrar o tempo em que o participante levará para tocar na garrafa, que inicia com a letra da palavra citada anteriormente, e retornar ao lugar inicial.
• REFLEXÃO: Poderemos ter uma segunda onda de contaminação? Por quê?

5. CONSIDERAÇÕES FINAIS

Após, aproximadamente um ano desenvolvendo este livro, o qual iniciamos em março do ano de 2020 e terminamos em março de 2021; chegamos ao final. Hoje, ainda, estamos em plena pandemia aqui no Brasil. Muitas pessoas continuam morrendo (em média 1200 pessoas por dia). A vacina começou a chegar, porém ainda é muito pouco e, com isso, só o grupo prioritário a está recebendo. Nós, professores, não fomos incluídos neste grupo. O governo está abrindo as escolas e as aulas presenciais estão sendo retomadas, com rodízio de alunos para não haver aglomeração. Após tempos difíceis, a esperança ressurge em meio a tantas incertezas, irresponsabilidade e desrespeito. Então, permaneçamos esperançosos, pois nos serena a mente e o corpo e, também, eleva a confiança de dias melhores.

Após a avaliação geral do "Eticômetro"[18], o resultado, com certeza, não foi muito positivo, porém temos que reconhecer que aconteceram algumas iniciativas positivas na direção da empatia e solidariedade, visando a alcançar, principalmente, os mais necessitados. É frente a essa carência que continuamos e pretendemos continuar investindo na educação ético-moral das crianças e jovens, pois são esses que poderão fazer diferente num futuro próximo ou longínquo.

E assim, concluímos mais esse humilde trabalho. Esperamos que este possa ser útil para vocês, nossos queridos leitores, professores, alunos universitários, e/ou educadores, de uma forma geral.

---

[18] Neologismo citado, por nós, na introdução.

6. REFERÊNCIAS BIBLIOGRÁFICAS

ARAÚJO, U. F. Temas Transversais e Estratégias de Projetos. 1. ed. São Paulo: Moderna, 2003.

BASTOS, Denis Mendes. Jogos Transversais: educação, ética e cidadania. São Paulo: Loyola, 2014.

BRASIL. Parâmetros Curriculares Nacionais: Temas Transversais, primeiro e segundo ciclos. Brasília: MEC/SEF, 1997.

————. Parâmetros Curriculares Nacionais: Temas Transversais, terceiro e quarto ciclos. Brasília: MEC/SEF, 1998.

BROUGÉRE, G. Jogo e educação. Porto Alegre: Artmed, 1998.

BUSQUETS, M. D. et al. Temas Transversais em educação: base para uma formação integral. Trad. Cláudia Shilling. 6. ed. São Paulo: Ática, 1999.

COLETIVO DE AUTORES. Metodologia do ensino da Educação Física. São Paulo: Cortez, 1992.

DARIDO, S. C., RANGEL, I. C. A. Educação Física na escola: implicações para a prática pedagógica. Rio de Janeiro: Guanabara Koogan, 2005.

FREIRE, J. B. Educação de corpo inteiro: teoria e prática da Educação Física. São Paulo: Scipione, 1987.

FREIRE. Pedagogia do oprimido. Rio de Janeiro: Paz e Terra, 1981.

HUIZINGA, Johan. Homo ludens: o jogo como elemento da cultura. Trad. João Paulo Monteiro. São Paulo: Perspectiva, 2008.

LEPRE, Rita Melissa. Educação moral na escola: caminhos para a construção da cidadania. DOI: 10.5747/ch. 2005. v03. n1/h018. In: Colloquium Humanarum. 2006. p. 01-14.

LIBÂNEO, José Carlos. Prefácio. In: GHIRALDELLI, Paulo Jr. Educação Física progressista: a pedagogia crítico-social dos conteúdos e a Educação Física Brasileira. 5. ed. São Paulo: Loyola, 1988, p. 9-14.

FIOCRUZ. Fundação Oswaldo Cruz. Mistanásia hoje: pensando as desigualdades sociais e a pandemia COVID-19. 2020 a. Observatório Covid-19. Disponível em: https://portal.fiocruz.br/documento/mistanasia-hoje-pensando-desigualdades-sociais-e-pandemia-covid-19. < Acesso em: 15 jan. 2021 >

FIOCRUZ. Fundação Oswaldo Cruz. Contribuições para o retorno às atividades escolares. 2020 b. Disponível em: https://portal.fiocruz.br/documento/contribuicoes-para-o-retorno-atividades-escolares-presenciais-no-contexto-da-pandemia-de. < Acesso em: 15 jan. 2021>.

GALHARDI, C. P. et al.. Fato ou Fake? Uma análise da desinformação frente à pandemia da Covid-19 no Brasil. Ciênc. saúde coletiva [online]. 2020, vol.25, suppl.2, pp.4201-4210. Epub Sep 30, 2020.

PIAGET, Jean. O juízo moral na criança. São Paulo: Summus, 1994.

PUIG, J. M. Ética e valores: métodos para um ensino transversal. São Paulo: Casa do Psicólogo, 1998.

SOBRE O AUTOR

Denis Bastos é professor de Educação Física do município do Rio de Janeiro, criador dos Jogos Transversais, autor de livros acadêmicos e livros infantis.